동성애 치유 상담 입문

HEALING & COUNSELING

동성애 치유 상담 입문

민성길 (연세의대 명예교수) 지음

제3부 성령 안에서
성화

머리말

현재 한국사회는 서구에서 밀어닥치고 있는 동성애 문화에 어떻게 대응해야 할지에 대해 혼란이 심각하다.

우리에게는 동성애의 실상을 알리는 것 이상으로 더 큰 비젼이 있어야 한다. 동성애자들에 대해 차별금지를 넘어, 진정으로 돕는 방안을 마련하여야 한다. 그것은 치유이다. 원하는 사람에게 동성애에서 벗어나는 것을 돕는 것이다. 동성애 행위의 문제점을 지적하는 것도 중요하지만, 거기서 벗어나도록 돕지 못한다면 무책임한 처사일 것이다.

이 책의 목적은 동성애에서 벗어나기를 원하는 동성애자들을 도우려 할 때 필요한 지식을 제공하는 것이다. 그 지식이란 지난 100여년간 연구와 시행착오를 거쳐 발전한 정신치료의 기법을 의미한다.

이 책은 일반인들이 읽어도 도움이 되겠지만, 특히 전문적인 교육과 훈련을 받은 정신치료자(psychotherapist) 내지 상담가(counselor)를 위한 입문서이다. 이 책이 동성애자들에 대해 그리스도의 사랑을 가지고 돕고자 하는 사람들에게 조금이라도 도움이 되기를 바란다.

이 책이 마련되기 까지 도움을 주신 제양규 교수님, 길원평 교수님, 진평원, 성과학연구협회, 기독교문서선교회에게 감사드린다.

목차

머리말   5

I. 서론   9

II. 정신역동적 이론과 전환치료   15
1. 정신분석 _ 16 | 2. 정신역동적 이론 _ 30 | 3. 전환치료 _ 40
4. 전환치료의 효과 _ 52

III. 학습이론과 행동치료   59
1. 학습이론 _ 60 | 2. 동성애 행동치료 _ 63
3. 동성애 행동치료의 효과 _ 66 | 4. 기타 행동치료적 방법 _ 69

IV. 탈동성애 사역   71
1. 성경적 근거 _ 72 | 2. 탈동성애 운동 _ 74
3. 근거, 목표 그리고 활동 _ 84 | 4. 사역의 효과 _ 91

V. 회복치료   95
1. 회복치료의 발달 과정 _ 96 | 2. 동성애 원인론 _ 102
3. 회복치료의 기법 _ 111 | 4. 회복치료의 효과 _ 121
5. 새로운 신앙근거의 SAFE-T _ 122

VI. 성적 지남 변화노력(SOCE)에 대한 옹호와 비판   124
1. SOCE의 효과를 입증하는 종합 논문들 _ 126
2. SOCE에 대한 비판 _ 134 | 3. 크리스천들의 반론과 해결 _ 144

VII. 자연적 전환　　　　　　　　　　151

VIII. 동성애 확인 정신치료　　　　　　155
1. 정의 _ 156　|　2. 기법 _ 158　|　3. 비판 _ 162

IX. 치유상담가는 누구인가?　　　　　　163
1. 자격 _ 164　|　2. 기본적인 마음 가짐 _ 167　|　3. 충분한 지식 _ 172
4. 윤리적 고려 _ 174　|　5. 상담 의자에서는 _ 176

X. 치료적 정신교육　　　　　　　　　　181
1. 청소년들의 흔한 질문과 대답 _ 182
2. 트랜스젠더를 자녀로 둔 부모에 대한 조언 _ 205

XI. 저자의 전환치료 경험과 견해　　　　211
1. 사례 _ 212　|　2. 토론 _ 219

XII. 맺는 말　　　　　　　　　　　　　225

찾아보기　　　　　　　　　　　　　　　228

I
서론

동성애 문화라고 하면, 크게 두 가지 사회문화적 이슈가 있다. 첫째는 동성애자와 관련된 인권과 차별 이슈가 있다. 두 번째로는 의학적 이슈이다. 의학적 이슈란, 예를 들면 유전이다 아니다, 정신장애이다 아니다 정상적 리이프스타일이다, 또는 치료된다 아니다 등등에 대한 논쟁을 말한다.

일반인들에게는 잘 알려져 있지 않은 바이지만, 19세기 이래 동성애는 정신의학에서 다루는 하나의 정신장애였고, 그 동안 동성애에 대해 가장 활발하게 연구하고 치료하였던 전문집단은 정신분석가들이었다. 그들은 동성애를 이성애로 바꾸는 정신분석적 노력을 "전환치료"(conversion therapy)라 하였다.

그런데 1960년대에 서구의 인권운동과 더불어 1970년대에 동성애자 인권운동이 일어났다. 특히 1970년대 초 수년간의 폭력적 인권 시위가 미국정신의학회를 압박하였다. 그에 굴복한 미국정신의학회가 1973년 회원투표를 실시하여, 58%의 찬성으로 동성애를 그들의 『정신장애 진단통계편람』 제3판(DSM-III)에서 제외하였다. 이로서 동성애는 공식적으로 "정상화"되었다. 이는 사회적 이슈에 과학에 굴복한 의학사상 초유의 사건이었다.[1] 그러나 1977년 재조사에서는 회원 69%가 여전히 동성애는 정신장애라 하였다.[2]

---

1 Bayer R. (1981), Homosexuality and American Psychiatry, Basic Books, New York.
2 Times (1978). Sick Again? Psychiatrists Vote on Gays. 1978. February 20. https://content.time.com/time/subscriber/article/0,33009,948045,00.html

1990년대부터 동성애를 옹호하는 연구자들은 동성애가 "정상"이라는 사실을 입증하기 위해 유전된다 또는 타고난다는 연구가설들을 내놓았으나, 아직까지는 유전한다는 것이 입증된 바 없다.[3] 최종적으로 2019년 46만여명을 대상으로 한 전장유전체연관분석(Genome-Wide Association Study)에서 "동성애 유전자"를 발견하지 못하였다.[4]

한편 동성애 옹호자들은 동성애를 이성애로 "전환"시키려는 전환치료를 윤리의 이름으로 금지하며, 법으로도 금지시키려 하고 있다. (이것이 차별금지법의 내용 일부이다) 그 이유는 동성애는 선천적이며 따라서 치료가 불가능하고, 전환치료라는 말 자체가 동성애자들의 마음에 상처가 되기 때문이라는 것이다. 사실 서구에서 동성애에 대한 스티그마는 역사적으로 오래되었고, 동성애자에 대한 징벌은 가혹하였다. (우리나라에서는 그런 잔혹사는 없다) 따라서 전환치료를 시도하는 것 자체가 동성애자들에게 역사적 스티그마의 기억을 환기시키기 때문에 마음에 상처가 된다는 것은 이해할 수 있다. 그렇다고 치료를 요청하는데도 치료해 주지 않는 것도 문제이다. 서구에서의 동성애 논쟁은 이런 갈등을 반영하는 것이다.

---

3 Whitehead NE.(1999). My Genes Made Me Do It!. Huntington House Pub.
  Mayer LS, McHugh PR (2016). Sexuality and Gender. Findings from the Biological, Psychological, and Social Sciences. The New Atlantis No. 50(Fall):4-143.
  길원평, 민성길, 류현모. (2022). 동성애는 유전이 아니다. 국민일보.
4 Gana A, et al. (2019). Large-scale GWAS reveals insights into the genetic architecture of same-sex sexual behavior. Science 365(6456):eaat76930.
  Price M. (2018). Giant study links DNA variants to same-sex behavior. Science Magazine. Oct. 20, https://www.sciencemag.org/news/2018/10/giant-study-links-dna-variants-same-sex-behavior

치유상담을 찾는 동성애자는 아마도 내면적으로는 남모르는 정신적 고통이 있을 것이다: ① 무엇보다 자신이 동성애자라는 사실로 인해 괴로울 수 있다. 동성애 혐오를 내면화(internalization)한 것도 있겠지만, 스스로 생각해도 자신의 삶이 다수(majority)와 다르다는 것, 자식 생산을 안한다는 것 등은 불행감을 야기할 수 있다. ② 동성애자에 대한 사회의 차별, 혐오 등을 예상할 때 현실적으로 괴로울 수 있다. ③ 동성애의 원인 되는 과거의 부정적 경험(부모자식 갈등, 따돌림, 성폭력 트라우마 등) 때문에 지속적으로 마음이 괴로울 수 있다. ④ 동성애자임이 밝혀지면 가족에게 괴로움을 끼칠 것으로 예상되어 마음이 괴로울 수 있다. ⑤ 동성애 행위가 사회에 나쁜 영향을 줄 수 있다는 생각에 괴로울 수 있다.

이렇게 동성애가 자신과 타인들에게 괴로움과 해로움을 끼친다면 동성애는 치유할 필요가 있는 것이다.

동성애자들이 가지는 문제점과 정신적 고통을 해결하고 또 문제 되는 성병같은 신체적 합병증을 예방하는 가장 좋은 방법은 아마도 동성간 성교 행동을 그만두는 것(금욕)일 것이다. 그러면 욕구불만이 쌓일 수 있어 또 다른 문제가 될 수 있다. 그렇다면 아예 동성애에서 벗어나 이성애로 전환하면 이상적일 것이다. 그럴 수 있을까? 의학적 증거들은 그럴 수 있다고 한다. 지난 100여년동안 동성애는 치유된다는 많은 의학적 증거들이 누적되어 왔다. 저자도 전환치료에 성공한 경험이 있다.(이 책의 마지막 챕터) 그러나 전환치료가 금지된 것은, 앞서 말한대로 1973년 동성애의 정상화 때문인데, 이는 인권 이슈 때문이었지 과학적 근거가 있어서가 아니었다.

현재 동성애가 생물학적으로 결정된다는 주장에는 증거로서 확인된 바 없다. 그러나 생물학적 원인론에 대조되는 동성애의 정신사회적 원인론은 오래되었고, 그에 기초하여 동성애를 이성애로 바꾸는 정신치료(전환치료)도 발전하여 왔다. 그 치료방법으로는 ① 정신분석적과 역동적 전환치료(conversion therapy), ② 학습이론에 근거한 행동치료(특히 동성애에 대해서는 혐오치료가 있다), ③ 정신역동적 이론과 인지행동치료 기법을 통합한 회복치료(reparative therapy)가 있다. 이는 현재 SAFE-T(sexual attraction fluiditiy exploration in therapy)라는 명칭으로 바뀌었다. 또한 ④ 기독교 신앙으로 동성애에서 벗어나게 하는 돕는 탈동성애 사역(ex-gay ministry)이 있다. 이들을 전체적으로 "성적 끌림 변화 노력"(sexual attraction change effort, SOCE)이라고 한다.

이런 이상하고 복잡한 명칭들은 서구의 전문학술단체들의 압력 때문이다. 서구 선진국의 정신건강 관련 학술단체들은 지난 100여년 동안 자신들의 선배들이 "성공적으로" 시행해 오던 동성애 전환치료를, 갑자기 효과도 없고 트라우마만 줄 뿐이라고 하며 금하고 있다. 대신 동성애확인치료(gay affirmative therapy)를 제안하고 있다. 이는 치유상담가가 동성애 자체는 잘못이 아니라는 것과 차별하는 사회가 잘못되었다는 것을 말해주고, 그로 인한 동성애자의 괴로움에 대해 공감을 표시하며, 동성애자가 괴로움을 극복하고 "프라이드"를 가지고 동성애자로 당당하게 살 것을 조언하고 격려하는 상담 기법이다. 이런 학술단체들의 주장에서의 변화는 "인권"이라는 시대정신에 힘입어 과학적 사실보다 이데올로기가 지배하고 있다는 의미이다.

사회에서 동성애의 이로움은 오로지 동성애자들끼리 쾌락을 경험하게 해 주는 것 이외에는 없다. 반면 동성애는 자신에게 질병을 가져다주고, 정신건강문제를 동반하며, 타인과 사회에 대해서도 병을 전파하고 의료비를 상승시킨다. 근본적으로 동성애가 증진(promotion) 되면 전통적 사회체계, 특히 일부일처제적 가족체계가 위협받을 것이다.

그런데 희망은, 지금은 차별금지의 분위기 때문에 드러나고 있지 않지만, 동성애를 전환시키고자 하는 전문가들의 노력이 지속되고 있었다는 사실이다, 더구나 이런 의학적 방법들이 효과가 있다! 그렇지 않았다면 그런 치료는 이미 살아졌을 것이기 때문이다.

이 책의 목적은 동성애에 대한 차별과 혐오를 극복하는 하나의 방안으로 의학적인 "동성애 치유"에 대한 정보를 제공하는 것이다, 동성애에서 벗어난다함은, 이성애에로의 전환(conversion) 또는 회복(reparation), 및 금욕(celibacy)을 의미한다. 이 책은 동성애에서 벗어나는 방법을 의학적 문헌들과 더불어 저자의 경험을 통해 소개하고자 하는 것이다,

II
정신역동적 이론과 전환치료

1
정신분석

정신분석(psychoanalysis)은 1900년 전후 프로이트가 개발한 정신치료 기법으로, 서구 국가에서는 정신장애, 특히 정신신경증(노이로제)에 획기적인 치료방법을 제공하였다. 이는 정신의학 뿐 아니라, 인간 이해와 세계 사조에 큰 영향을 미쳤으며, 특히 성개방 사조의 발달에 일조하였다. 현대의 정신치료나 상담치료는 거의 대부분 정신분석에서 유래하고 있다. 동성애의 이해와 치료에 대해서도 특히 정신분석이 크게 기여하였다. 지금은 동성애 옹호자들은 프로이트의 어록을 자기들 좋도록 해석하며, 전통적 정신분석적 접근은 유사과학(pseudo-science)이라고 하며 거부하고 있다. 그러나 치유상담가는 전통적 정신분석적 내지 정신역동적 이론을 잘 이해하는 것은 대단히 유익하다.

---

5 예를 들어 프로이트가 한 편지에서 동성애를 정신성발달의 중단 때문이며, 미숙 상태지만, 정상적 변이라 하였다는데, 동성애 옹호자들은 "정상적"이라는 말에 초점을 둔다. 그러나 정신성발달의 중단이나 미숙성 그리고 변이라는 말은 병적이라는 의미로 볼 수 있다.

1. 프로이트(Sigmund Freud. 1856-1939)

프로이트 정신분석이론의 핵심은, 인간 행동은 무의식의 영향을 받는다는 것이다.[6] 정신분석은 하나의 "말로 하는 치료"(talk therapy)로서, 자유연상과 꿈의 해석 등으로 특정 행동의 원인이라고 믿을 수 있는 내면을 깨닫게 함으로 무의식적 갈등이 해소되고 노이로제가 치유된다는 본다.

정신분석 이론에 따르면, 인간은 구강기-항문기-남근(성기)기-잠재기-사춘기라는 정신성 발달(psychosexual development)의 위계적 모델(hierarchical model) 상에서 성장(development)한다. 정신성발달은 트라우마에 의하여 억압, 퇴행, 고착 될 수 있는데, 이는 특히 남근기의 오이디푸스 콤플렉스로 대표되는, 소아기 섹슈얼리티(infantile sexuality)에 관련된 갈등이 건강하게 해결되지 않아, 정신성발달이 중지될 수 있다. 이로써 여러 성장애들(sexual disorders)[7] 뿐 아니라 동성애도 발생한다.[8] 즉 동성애는 정신성발달이 중단(arrest) 되어 일종의 미숙(immaturity)에 머물러 있는 상태이다. 즉 성인의 성숙한 성기적 성교

---

[6] 즉 모든 인간의 마음은 의식과 무의식으로 되어 있으며, 이드(id), 자아(ego), 및 초자아(superego)로 구성되어 있다. 이드는 타고나는 것으로 본능에 해당되며 무의식적이다. 자아는 이드로부터 발달하는 것으로 반은 의식적이고 반은 무의식적이며, 이드의 본능적 충동이 사회가 용납할 수 있는 방식으로 표현되게 자제한다. 그 표현하는 방법, 즉 무의식적 충동을 통제하는 방법을 방어기제라하는 바, 방어기제는 원시적이고 미숙한 방식에서 성숙한 방식까지 다양하며, 어떤 방어기제를 주로 사용하는가 하는 것은 어려서 부모의 훈육에 따라 학습한다. 초자아는 소아가 부모와 사회로부터 재운 도덕에 기초하여 발달한 것으로 옳고 그름을 분별하며 판단을 주재한다. 자아는 부모(환경, 사회), 이드(본능적 충동. 즉 성욕-리비도 -에로스, 공격본능-죽음의 본능-타나토스), 초자아 간의 상관관계에서 통제하는 것을 배워가는데, 이 과정을 정신성발달(psychosexual development)이라 하였다. 그 발달과정은 구강기-항문기-남근기-잠복기-사춘기로 구분하였다.
[7] 성장애에는 성기능장애(sexual dysfunction 임포턴스, 조루증, 성중독 등), 성지남장애(sexual orientation disorder 동성애 양성애 등), 성정체성장애(sexual identity disorders 트랜스젠더, 젠더퀴어 등), 성도착장애(sexual perversion 관음증, 페티시즘, 가학피학증, 등) 등이 있다.

(mature genital intercourse) 수준으로 발전 성숙하지 못한 상태인 것이다. 동성애는 노이로제와 같은 정신장애라는 의미이다. 동성애와 기타 성장애들은 모두 "노이로제"(psycho-neurosis 심리적 원인에 의한 신경병이라는 의미)로서 정신분석 치료의 대상이 된다.

프로이트는 동성애에 대해, 초기 가설에서부터 그의 사후 1940년에 출판된 『The Outline of Psychoanalysis』에 이르기까지의 언급들을 종합해 보면[9] 프로이트의 동성애에 대한 이론은 다음과 같다: 인간은 태어날 때 양성적(inherent bisexual)인데, (무성애 또는 범성애라고도 할 수 있다) 자라는 동안, 사회로부터 인류사회를 존속시키기 위해 생식해야 한다는 "문명적 압력"을 받으면서 동성애를 억압하고 이성애를 발달시켜 나간다고 하였다. 그런데 성장 과정 중 어떤 이유로 이성애 발달이 중단(arrest)되면 억압되어 있던 동성애적 요소가 드러나게 된다는 것이

---

[8] Freud S. The Basic Writings of Sigmund Freud. Three Contributions to the Theory of Sex, Collected Papers, Vol. 11.
Freud S. (1949). Certain Neurotic Mechanisms in Jealousy, Paranoia, and Homosexuality. London: Hogarth Press. 1949.
American Gay and Lesbian Psychiatry. The History of Psychiatry & Homosexuality.
http://www.aglp.org/gap/1_history/#declassification
Letter from Sigmund Freud: Amer. J. Psychiat., 107, 1951, No. 10, 787-788.
Stekel W. (1922). Homosexual Neurosis, 이 저술에서 Stekel은 동성애의 심리적 원인과 노이로제, 자기애, 억압, 그리고 예술적 창조성과의 관련성에 대해 연구하였다. 그는 "우리의 연구들은 반복적으로 보여주는 바, 동성애자에게는 이성애로의 길이 막혀있다."고 말한다. 이 책에서 Stekel은 Hirschfeld의 동성애 이론을 논박하면서 동성애의 모든 면들을 논하고 있다. 주제들 중에는 섹스 파트너에 대한 공포, 여성혐오, 아버지의 질투, 여성들이 하녀를 괴롭히는 이유, 소변 관련 꿈, Spermatozoa(정자) 꿈, 그리스인의 동성애 등등이 있다.
Rado S. (1940). A critical examination of the concept of bisexuality. Psychosom Med 2:459-467.
Bergler E. (1956). Homosexuality: Disease or Way of Life. New York: Hill and Wang.
[9] Flanders S, et al. (2016). On the subject of homosexuality: What Freud said. Int J Psychoanal 97:933-950. doi: 10.1111/1745-8315.12520
Heenen-Wolff S. (2011). Infantile bisexuality and the 'complete oedipal complex': Freudian views on heterosexuality and homosexuality. Int J Psychoanal 92(5):1209-20. doi: 10.1111/j.1745-8315.2011.00436.x.

다. 그 중단 이유는 대개 오이디푸스 콤플렉스와 관련된 트라우마라는 것이다. 그 결과 동성애자의 인격이 미숙할 뿐 아니라, 성적으로는 자기애(narcissism, auto-erotism)도 나타날 수 있다. 이런 설명은 동성애가 일종의 노이로제 또는 자기애적 장애(자위행동)이라는 것을 의미한다.

20세기 후반에 이르러 동성애 옹호론자들은 프로이트의 연구논문들을 조사하여, 프로이트의 동성애에 대한 "묻혀있는 견해"를 발굴하기 시작하였다. 그 결과 2개의 문헌이 거론되는데, 하나는 1920년에 쓴 "The Psychogenesis of a Case of Homosexuality in a Woman"이다. 이 증례에서 프로이트는 젊은 레스비언에 대해 전환이 어렵다고 보았다. 부모는 전환을 원하였으나 본인이 원하지 않았기 때문이었다. 프로이트가 생각하기에 동성애자들은 이성애에서 얻는 쾌락이 동성애보다 못할 것이라 보는 것 같았고, 전환을 원하는 사람은 사회적 차별을 피하기 위함일 뿐이라고 보았다. 그래서 동성애자들은 흔히 치료실패를 핑계로 도로 동성애자로 돌아갈 것을 기대한다는 것이었다.[10]

둘째는, 1935년 프로이트가 쓴, 동성애자인 아들을 치료해 달라는 한 미국인 부인의 부탁에 대한 회신으로, 나중에 유명해진 편지[11]이다. (논문이 아니다) 이 간단한 편지에서 프로이트는 동성애를 "정신성발달(psychosexual development)가 중단(arrest) 된 결과 나타난 미숙한

---

10 Freud S. (1991). On Sexuality: Volume 7, London: Penguin Books,
   Lewes K. (1988). The Psychoanalytic Theory of Male Homosexuality, New York: Simon & Schuster, ISBN 978-0-671-62391-3
   O'Connor N, Ryan J. (1993). Wild Desires and Mistaken Identities: Lesbianism and Psychoanalysis, London: Virago,

상태(즉 노이로제)라고 하면서도, 다른 한편에서는 동성애가 "정상적 변이"(normal variation)라 하였다. 그리고 전환은 어렵지만 불가능한 것은 아니라고도 하였다. 프로이트는 동성애는 "미숙 상태"로 사회적으로 좋은 점은 없지만, 수치스런 것도, 악도, 퇴화도 아니고, 병도 아니라고 하였다. 이처럼 당시 프로이트의 진정한 의도가 무엇이었는지 애매하다. 이에 대해 현대 동성애 옹호론자들은 프로이트가 동성애를 정상으로 보았다고 주장하며 그래서 동성애는 정상이라고 주장하는 근거로 삼고 있다. 그러나 프로이트가 "변이"와 미숙성을 언급한 것은 동성애가 병적이라는 뜻으로도 풀이할 수 있다. 즉 (정신분석으로 치료하여) 성숙한 인격으로 발달시키면 동성애도 치유된다는 의미이다. 이 관점이 그의 후계자들로 하여금 전환치료를 발달시키게 한 것이었다.

실제 프로이트에게는 전통적 반동성애 경향이 있었다. 우선 프로이트는 자신의 후계자들이 동성애를 병적으로 보고 전환치료하는 것에 대해 공개적으로 비판한 적이 없었다. 프로이트는 제자 Ernst Jones에게 보낸 편지에서, "동성애가 병적이다"라고도 하였다. 즉 후계자들의 반동

---

11 Freud S. (1935). Letter from Sigmund Freud. Am J Psychiatry, 107, 1951;107(10):787-788.
편지의 내용은 다음과 같다: "우리는 동성애를, 성발달에서 어떤 정지(arrest)로 인한, 성적 기능의 한 변이(variation)로 봅니다. 고대나 현대에서 존경받는 많은 위인들 중에 동성애자들이 많이 있습니다 (플라톤, 미켈란젤로, 레오날도 다 빈치 등). 동성애를 범죄로 박해하는 것은 정의롭지 않고 잔인하기도 한 것입니다. 저의 말이 믿어지지 않으시면 Havelock Ellis의 저서를 읽어 보십시오. 만일 당신이 내가 그의 동성애를 없애고 이성애자로 바꿀 수 있는지를 물어보시는 것이라면, 대답은 일반적으로 그런 효과를 성취할 수 없다는 것입니다. 몇 몇 사례에서 이성애적 경향성의 고사된 작은 씨앗을 틔울 수 있었습니다. 이런 씨앗은 모든 동성애자들에게 다 있습니다. 그러나 대부분의 경우 그런 회생은 더 이상 불가능 합니다. 그 가능성은 개인의 질(능력)과 나이의 문제입니다. 치료결과는 예측할 수 없습니다. 정신분석이 당신의 아들에게 해 줄 수 있는 것은 여러 방면입니다. 만일 그가 불행하고, 신경증적이고, 갈등으로 마음이 찢어져 있고, 사회생활이 억압되어 있다면, 분석은, 그를 동성애로 남아있게 하던지 바꾸게 해 주던지 간에, 그를 조화롭고 마음의 평화를 얻게 하고, 능률을 발휘하게 하도록 해 줄 수 있습니다." (발달이 정지되었다면 이는 프로이트의 이론대로라면 분명히 병적이다. 그러나 정신장애가 아니라고 말한 것은 어머니의 심정을 헤아린 결과 아닐까 한다.)

성애 경향은, 프로이트의 정신분석이론의 자연스런 논리적 확장이었다고 보아야 한다. 그래도 프로이트는 전반적으로 동성애에 대해 제자들보다는 관용적이었던 것 같다.

프로이트 당대의 정신과의사이자 성학자인 히르슈펠트(Magnus Hirschfeld)는 동성애를 정상이라 하였고, 크라프트-에빙(Richard von Krafft-Ebing)은 뇌의 퇴행성 병이라 하였지만, 프로이트는 중간 입장을 취하였던것 같다.[12] 그러나 프로이트가 주장한 "타고난 양성애"(innate bisexuality) 상태는 히르슈펠트가 말하는 제3의 섹스(third sex)는 아니다. 또한 프로이트는 동성애는 크라프트-에빙이 말하는 퇴행성 질병도 아니라 했는데, 그 이유는 동성애자들에게 "뇌퇴행의 증상이 발견되지 않으며, 높은 지적 기능을 가진 인물도 있기 때문이다." 프로이트는 동성애를 정신분석으로 치료하는 것에 대해 긍정적이지도 부정적이지도 않았다는데,[13] 아마도 그가 동성애를 치료한 경험이 적었기 때문이라고도 한다. 그는 전환이 불가능하다고 보지는 않았으며, 또한 정신분석만이 전환치료의 방법이라고도 보지 않았다.

---

12 Freud S. (1905). Three Essays on the Theory of Sexuality. Standard Edition Volume 7. London: Hogarth Press.
Freud S. (1920). The Psychogenesis of a Case of Homosexuality in a Woman. Standard Edition Volume 18. London; Hogarth Press. 1955 .직이다. 그리니 정신장에기 이니리고 말한 것은 어머니의 심정을 헤아린 결과 아닐까 한다.)
13 Murphy TF. (1992). Freud and sexual reorientation therapy. J Homosex. 1992;23(3):21-38. doi: 10.1300/J082v23n03_02.

2. 프로이트 후계자들

프로이트를 계승한 정신분석가들은 (아마도 프로이트의 견해를 이어받아) 오랫동안 동성애를 병으로 보고, 전환치료를 해왔으며, 이러한 견해가 "전통적"이 되었다. 프로이트의 전반적인 노이로제와 동성애에 대한 "정신성발달의 중단"이라는 정신분석적(역동적) 설명은 이후 후계자들이 동성애를 정신분석으로 치료하도록 인도하였다. 즉 대부분의 차세대 정신분석가들은 동성애를 병으로 보았고 전환치료를 하였다.[14] 그들은, 분석가에 따라 다소 다르지만, 동성애의 병리적 과정에 대해서 더욱 정교한 이론을 만들어 나갔으며, 치료기술도 발전시켜 전환에 상당부분 성공하였다고 주장하였다.

융(C. G. Jung 1875-1961)도 동성애자가 성지남을 바꾸도록 도왔다고 한다. 즉 꿈분석과 부정적 모자관계의 해소를 통해 동성애자를 이성애자로 전환시켰다고 한다.[15] 그러나 융은 자신의 방법을 분석심리학이라 하며 정통 정신분석과 다르다고 하였다.

산도 라도(Sandor Rado 1890-1972)는 프로이트의 "타고난 양성애" 이론과 "정상적 동성애" 이론을 비판하였다. 그는 이성애, 즉 이성의 성기를 추구하는 것이 정상으로, 동성애 원인은 불안(anxiety)이라 하였다. 그 원인적 배경에는 유혹적 어머니와 공포스러운 아버지와 연관된

---

14 Wilhelm Stekel (1868 -1940), Sándor Ferenczi (1873-1933), Abraham Brill (1874-1948), Melanie Klein (1882-1960), Helen Deutsch (1884-1982), Sandor Rado (1890-1972), Anna Freud (1895-1982), Edmund Bergler (1899-1962), Irving Bieber (1909 - 1991), Charles Socarides (1922 - 2005) 등.
15 Fordham F. (1935). An introduction to Jung's psychology. New York: Harmondsworth/Penguin Books

근친상간적 충동에 대한 죄의식으로 인한 공포가 있는데, 이것이 이성애에 대한 공포의 도피(phobic avoidance)로 나타나는 것이 동성애라고 하였다.[16]

아브라함 브릴(Abraham Brill 1874-1948)은 동성애에 대한 유전적 요인을 부인하고, 자아에 대한 자기애적 사랑(narcissism-love for one's self)이 원인이라고 하였으며, 치료는 이성애적 잠재능력(heterosexual potency)를 회복하는 것으로 자신도 전환 치료에 성공했다고 말했다.

산도르 페렌치(Sándor Ferenczi 1873-1933)는 동성애자들 중, "남자에 의해 사랑을 받는 여자"라는 정체성이 있는 게이는 치료하기 어렵다고 하였다. 그는 게이가 여자에 대해 갖는 증오를 줄이거나, 급박한 동성애적 욕구를 줄이거나, 여성에의 끌림을 가지게 만들고 여성과 성관계가 가능하도록 돕는 것 정도에 만족하였다고 한다.

멜라니 클라인(Melanie Klein 1882-1960)은 페렌치의 제자로서 동성애의 정신분석에서 구강기에 기반한 "편집적 입장"(paranoid position)을 치유해야 한다고 하였다.[17] 즉 동성애는 남자 동성애자가 파트너의 "the good penis"를 이상화한 결과라 해석하였다. 그 근거는 동성애자가 소아였을 때, 그의 어머니에 대한 편집증적 증오를 투사한 것

---

16 Rado SA.(1940). Critical examination of the concept of bisexuality. Psychosom. Med. 1940;2:459-467. doi: 10.1097/00006842-194010000-00007.

17 Lewes K. (1988), The Psychoanalytic Theory of Male Homosexuality, New York: Simon & Schuster, ISBN 978-0-671-62391-3

에 대해 '공격에 대한 공포"를 느끼는데, 이를 완화하기 위해 "the good penis"를 이상화한다는 것이다. 따라서 이상화된 남자의 "good penis"를 숭배해야 할 필요를 극복하면 동성애 행동이 감소한다고 보았다.

안나 프로이트(Anna Freud 1895-1982)[18]는 프로이트의 딸로서, 동성애를 신경증적(neurotic)인 상태로 보았고 동성애를 성공적으로 치료했다고 말하였다. 그녀는 동성애자를 완전하게 이성애자로 바꾼 4례를 보고했다. 그녀는 남자 동성애 원인은 억압된 거세불안(castration anxiety), 소아기 자기애적 과대성(childhood narcissistic grandiosity), 이성간 섹스를 하는 동안 무화(無化)되는데 대한 공포 등이라고 하였다. 또한 치료를 위해서는 동성애서의 수동적 파트너는 수동적 내지 수용적 방식(a passive or receptive mode)를 즐기는 것이고, 능동적 파트너의 행동은 자신의 잃어버린 남성성의 활력을 되찾으려는 시도라는 것을 깨닫게 해 주어야 한다고 하였다. 게이의 동성애는 아버지를 적절히 동일시하는데 실패한 결과라고도 하면서, 동성애 치료의 조건은 반대 성의 전적인 대상-사랑(object-love)을 획득하는 것이라 하였다. 안나 프로이트는 자신의 아버지 프로이트가, 아들의 동성애를 치료해 달라는 한 미국 어머니에게 쓴 "유명해진 편지"에 대해 반대하면서, "초기에 예측했던 바에 비해 최근 동성애자가 많이 치료되고 있다"고 말하였다. 또 다른 비판 이유는, "이 편지 때문에 동성애 환자들이 모든 분석치료가

---

18 Freud A. (1949). Some clinical remarks concerning the treatment of male homosexuality. The International Journal of Psychoanalysis, 30, 195.
Freud A. (1952). Studies in passivity: Notes on homosexuality. In The writings of Anna Freud: Indications for child analysis and other papers, Vol. 4. New York: International Universities Press.

동성애의 결함 또는 부도덕성(immoralities)이 아무 문제없다고, 그리고 동성애를 가지고도 행복해야 한다고 믿게 하는 것이라는 확증으로 받아드릴까 하는 우려 때문이다"라고 하였다.[19]

에드문드 버걸러(Edmund Bergler 1899-1962)는 1950년대 세계적으로 가장 중요한 동성애에 대한 정신분석 이론가였다.[20] 그는, 동성애는 정상적 인간 변이(normal human variation)가 아니라 하였다. 그는 남자 동성애의 원인으로 남자의 유방 콤플렉스(Der Mammakomplex des Mannes)를 말하였다. 즉 남자 소아가 이유(젖떼기)에 저항하다가, 좌절되어 그 반응인 공격성으로 인해 감정통제에 실패하여, 그 결과 양가적 동일시(ambivalent identifications)에 의한 대상 선택, 그리고 자기애적 보상(narcissistic compensations)이 야기된 결과라 하였다. 즉 유방에서 남근으로 카텍시스(cathexes)가 옮겨 가야 하는데, 대신 모유에서 소변으로 대치된 결과라 하였다. 또한 미해결된 구강기 양가성 때문에 어머니에 대한 증오를 아버지에게로 향하려 하나 실패하여 오이디푸스 콤플렉스(the Oedipus complex)가 적정 강도가 되지 못하게 된다. 그 결과 초기 구강기적 어머니에의 고착으로 퇴행(regress)하게 되어, 소아 자신의 식인적 입(cannibalistic mouth)과 어머니의 질(vagina)을 혼동하게 된다. 그 결과 여성의 질을 잇빨 있는 질(vagina dentata - 질에 잇빨이 있어 성교시 남자 성기를 상하게 하거나 거세하는 질)로 인식하게 된다. 이러한 병적 구강기 고착(oral fixation)으로 어

---

19 Young-Bruehl, E. (1988), Anna Freud, New York: Summit Books ,p.327
20 Bergler E. (1956). Homosexuality: Disease or way of life? New York: Collier Books.

떤 대상을 향한 리비도(object libido)의 중요성이 격하되고, 원시적이고 자기애적인 구강기적 분노(primitive narcissistic oral rage)가 더 강하게 된다는 것이다. 즉 게이는 애초 어머니에의 이성애적 애착(heterosexual attachment to the mother) 때문이 아니라는 것이다. 그는 게이 치료전략으로 '피해자 비판하기'(blame the victim)라는 전략을 개발하였다, 예를 들면 직면치료(confrontational therapy)로 게이들의 피학대성(masochism)을 깨닫게 하는 것이다. 그는 필요하다면 공개적으로 그리고 의도적으로 전문적 치료윤리를 위반하기도 하였다 (환자 비밀 공개, 괴롭힘(bullying), 거짓말쟁이다 또는 무가치하다는 비난 등). 그는 게이가 원한다면 그리고 옳은 치료가 시행되면 90% 회복한다고 주장하였다. 그는 1956년의 저서에서 30여년간의 정신분석 치료를 통해 100여명의 동성애자 중 33%에서 이성애자로 기능하게 하였다고 하였다. 그는 또한 킨제이의 연구를 통렬히 비판하였다. 즉 킨제이의 통계연구는 도착자가 많은 도시에서 시행되어 잘못 과대 추정된 것이었고, 그래서 치유의 기회를 포기하게 만들었다고 주장하였다. 그리고 1950년대 동성애 인권론자들의 등장은 동성애자들이 스스로를 억압하는 결과를 낳았다고 비판하였다.[21]

어빙 비버(Irving Bieber 1909-1991)는 60년대 동성애 치료분석가로 유명하였는데, 그는 다른 77명의 정신분석가와 더불어 106명의 남자 동성애자를 정신분석하면서 장기간 추적하였다.[22] 그 결과 106명 중 29명

---

21 Bergler E.(1959). One Thousand Homosexuals: Conspiracy of Silence, or Curing and Deglamorizing Homosexuals? Pageant Book.

(27%)에서 치료를 완결하면서 이성애자로 전환되었다 하였다. 또한 5년 추적된 20명 중 15명이 동성애자로 남아 있었다 하였다.[23] 그리고 7년 후[24] 그리고 20년 후 결과[25]도 여전하였다 한다. 레스비언에서도 유사한 치료결과를 본다고 한다. 이러한 연구 결과에 근거하여 Bieber는 병적 가족이론을 제시했는데, 즉 동성애는, 아들을 거부하는 아버지와, 지배적이고 가까이 집착(close-binding)하는 어머니 때문이라 하였다. 이런 연구에 근거하여 비버는 전환치료는 무의식의 소아기 갈등을 해소하는 것으로, 장기간이 소요된다고 하였다. 그는 "변화는 사람에 따라 쉽기도 하고 어렵기도 하지만, 우리 판단에는 변화에 대한 강한 동기가 있다면 이성애로의 전환은 모든 동성애자들에서 가능하다"고 말하였다. 비버의 연구에 대한 비판으로 치유된 동성애자라는 사람들 중에는 순수한 동성애자보다 양성애자가 많았을 것이라는 견해가 있다.[26] 그가 1970년 미국 APA 학술대회에서 동성애 활동가로부터 모욕을 당한 사건은 유명하다. 그의 사후 그의 연구에 대한 비판이 있지만,[27] 그의 업적은 큰 의미가 있다.

---

22 Bieber I, Dain H, Dince P, Drellich M, Grand, H., Grundlach, R., et al. (1962). Homosexuality: A psychoanalytic study. New York: Basic Books.
23 Bieber I. (1967). Sexual Deviations II: Homosexuality. In A. M. Freedman, & H. I. Kaplan (Eds.), Comprehensive textbook of psychiatry (pp. 963-976). Baltimore: Williams and Wilkins.
24 Bieber I. (1969). Homosexuality. American Journal of Nursing, 69(12), 2637-2641.
25 Bieber I., Bieber TB. (1979). Male homosexuality. Canadian Journal of Psychiatry, 24, 409-419.
26 Haldeman, Douglas C. (2022). The Case Against Conversion Therapy: Evidence, Ethics, and Alternatives. American Psychological Association.
27 Moor P.(2001). The view from Irving Bieber's couch: "Heads I win, tails you lose" J. Gay Lesb. Psychother 5:25-36.

찰스 소카리데스(Charles Socarides 1922-2005)는 70년대의 대표적 동성애 정신분석 이론가였다.[28] 그는 동성애가 이드와 자아(ego) 간 갈등에서 기원하는 병으로서, 특히 게이의 경우 모자관계를 문제 삼았다. 그는 비버의 가족이론을 인정하고, 더 나아가 게이는 여성-지배적인 환경(female-dominated environment)에서 아버지가 없거나 약하거나 떨어져 있거나 가학적인 상황에서 자란 어린 시절에서 기원한다고 보았다. 그로 인해 게이는 여자에 대한 무의식적 공포를 갖고 있는데, 즉 어머니의 몸에 의해 집어삼켜지는 공포이다. 그런 어머니는 과도히 지배적이고 아들을 질식시키는 어머니이다. 반면 아버지-아들 관계가 좋은 소년의 경우 아버지가 지배적인 어머니의 영향을 막아주기 때문에 동성애자가 되지 않는다. 이처럼 정신분석은 "프로이트식 어머니-고착 이론"에서 "아버지-아들 관계의 와해"의 이론으로 옮겨가는 경향이 있다. (예를 들어 1990년대 회복치료의 선구자 Nicolisi의 이론 참조) 그는 동성애자들에 대한 정신분석에 기반한 전환치료에서 50%의 성공률과, 10년 추적에서 40%의 유지율을 보고하고 있다. 그는 동성애는 치료할 수 있는 병일 뿐, 환자 자신의 비도덕성이나 범죄성과는 상관없다고 보았다. 그는 Simon LeVay의 동성애 뇌연구(시상하부의 INAH3 크기에 대한)를 반박했다. 그는 또한 동성애 정치에서 독특한 입장을 보여주는 바, APA가 동성애를 DSM-III에서 투표로 뺀 것은 the National Gay Task Force가 18,000명의 APA회원에게 이사회 이름으로 보낸 가짜 편지 탓이며,

---

28 Socarides CW. (1995). How America Went Gay. America November 18, pp. 20-22
http://theroadtoemmaus.org/RdLb/22SxSo/PnSx/HSx/SocrdsHowAmerGay.htm
Socarides CW. The overt homosexual. New York: Grune and Stratton. 1968.
Socarides CW. The Sexual Deviations and the Diagnostic Manual. American Journal of Psychotherapy 1978;32:414-426.

과학을 넘어 정치적인 것으로 선을 너무 넘은 것이고, 이후 AIDS를 창 궐하게 만들었다고 비판하였다. 그는 American gay community는 "APA의 혼란스러운 자식이다"라고 비판하였다. 지난 25년간 동성애 정치 현상 내지 동성애 운동이 교육과 에이즈와 군대에 미치는 영향 등을 신랄하게 비판하였다. 그는 Nicolisi와 더불어 1992년 National Association for Research & Therapy of Homosexuality (NARTH)를 창설하였다.

이들 정신분석가들의 강력한 영향으로 1952년 미국 정신의학회가 처음으로 정신장애 분류를 시작할 때, the Diagnostic and Statistical Manual(DSM-I)에 동성애를 "사회병질적 성격장애"(sociopathic personality disturbance)라는 범주에 등재하였다. 1968년 개정판 DSM-II에서는 "성도착증"(sexual deviation)으로 분류하였다.

2
정신역동적 이론

정신역동이론(psychodynamic theory)은 정신분석에 근거하지만, 무의식이나 전이현상, 꿈의 해석 등 고전적 이론을 덜 중요시하고 보다 현실적 문제를 중점적으로 다루는 여러 이론들이다.

1. 소아기 부모-자식 간의 관계

후계자 정신분석가들이 공통적으로 주장하는 바는, 동성애는 아버지-어머니-자식의 삼각관계(즉 오이디푸스적 관계)의 문제라는 것이다. 대개, 동성애자가 어릴 때의 아버지는 난폭하거나 무심하거나 무능하고, 어머니는 과잉보호적이고 소유적(possessive) 성향이 강하고, 아들과 딸은 건강한 아버지상과 건강한 어머니상을 동일시(identification)(아버지란 이러이러한 사람이고 어머니는 이러이러한 사람이라는 인식)하지 못하여, 나중 성(젠더) 정체성 장애와 더불어 동성애가 발달한다는 것이다. 즉 가족이론은, 정신분석이론에 근거하되, 소아청소년기의 인격발달

과정에서, 부모와 기타 가족이 핵심적으로 동성애 발병에 영향을 미친다는 점에 초점을 맞춘 것이다.[29]

이 가족이론과 정신성발달 이론은 일반 노이로제의 발생을 설명하는 이론이기도 하다. 그런 의미에서 동성애자들이 다른 노이로제, 즉 우울증, 불안장애, 자살시도, 성정체성장애(트랜스젠더), 성도착장애 등등을 동반할(co-morbid) 가능성이 높은 것이다. 이 이론에 대해 동성애 옹호 학자들은 의사를 찾아온 노이로제 환자 동성애자들만을 대상으로 한 연구라고 반발하고 있다.

2. 과거 (소아기) 트라우마

소아기의 불우한 경험 내지 역경의 경험(adverse childhood experiences. ACEs)이 인격발달 과정에 영향을 미쳐, 동성애자가 된다는 연구가 많다.[30] 그 소아기 역경에는 어려서의 가난, 불우한 가정환경, 부모의 이혼이나 별거, 가족의 정신장애, 열악한 사회환경, 어린 시절의 따돌림이나 폭력 피해, 소년의 체육능력 결핍으로 인한 열등감, 젠더비

---

[29] Bos HMW, et al. (2008). Same-sex attraction, social relationships, psychosocial functioning, and school performance in early adolescence. Dev Psychol 44:59-68.
Richards PS.(1993). The Treatment of Homosexuality: Some Historical, Contemporary and Personal Perspectives, AMCAP Journal. Vol 19, No. 1, 1993, 29-46
http://scholarsarchive.byu.edu/cgi/viewcontent.cgi?article=1346&context=irp
Bearman PS, Brückner H (2002). Opposite-Sex Twins and Adolescent Same-Sex Attraction," American Journal of Sociology 107(5,):1179-1205
Lung FW, Shu BC. (2007). Father-son attachment and sexual partner orientation in Taiwan". Comprehensive Psychiatry. 48(1):20-6.
Brown DG(1963). Homosexuality and Family Dynamics. Bulletin of the Menninger Clinic 27

순응(소아기 트랜스젠더)으로 인한 주변의 놀림이나 학대, 등등이 포함된다.

피츠기본스(Fitzgibbons)[31]은 어려서부터의 동성 친구들의 배척, 남성성(masculinity)에 대한 자기 신뢰의 부족(예를 들면 체육능력의 부족), 외로움, 슬픔, 그리고 동성 친구와의 관계 맺음에서의 어려움 등이 향후 동성애자가 되는 원인이라 하였다.

---

30 Andersen JP, Blosnich J. D(2013). is parities in adverse childhood experiences among sexual minority and heterosexual adults: results from a multi-state probability-based sample. PLoS one. DOI: 10.1371/journal.pone.0054691
Wells JE, McGee MA, Beautrais AL.(2011). Multiple Aspects of Sexual Orientation: Prevalence and Sociodemographic Correlates in a New Zealand National Survey. Arch Sex Behav 40(1):155-68.
Bos HMW, Sandfort TGM, De Bruyn EH, Hakvoort EM. (2008). Same-sex attraction, social relationships, psychosocial functioning, and school performance in early adolescence. Dev Psychol 44:59-68.
Sandfort, T.G., et al. (2003). Same-sex sexuality and quality of life: findings from the Netherlands Mental Health Survey and Incidence Study. Arch Sex Behav 32:15-22.
Rubinstein G. (2010). Narcissism and Self-Esteem Among Homosexual and Heterosexual Male Students. Journal of Sex & Marital Therapy 36:24-34.
Sandfort, T.G., et al. (2003). Same-sex sexuality and quality of life: findings from the Netherlands Mental Health Survey and Incidence Study. Arch Sex Behav 32:15-22.
McLaughlin KA, Hatzenbuehler, Xuan, Z., Conron, K.J. (2012). Disproportionate exposure to early-life adversity and sexual orientation disparities in psychiatric morbidity. Child Abuse Negl ;36(9):645-655.
Ellis B (2010). Analysis: Female Homosexuality Connected to Broken Homes.
http://www.cdc.gov/nchs/nsfg.htm
Roberts A, Glymour MM, Koenen KC. (2013).Does maltreatment in childhood affect sexual orietation in adiulthood?. Arch Sex Behav 42:161-171.
Zietsch BP et al. (2012). Do shared etiological factors contribute to the relationship between sexual orientation and depression? Psychological Medicine 42(3):521-532,
Nicolosi J. (2016). The Traumatic Foundation of Male Homosexuality. December 19.
https://www.crisismagazine.com/2016/traumatic-foundation-male-homosexuality
Nicolosi J. (2015). What is reparative therapy? Examining the controversy.
http://www.narth.com/#!important-updates/c19sp

31 Fitzgibbons R. (2015). Same-Sex Attractions in Youth and their Right to Informed Consent. Institute for Marital Healing. http://www.childhealing.com/articles/ssayouth-if-imh.php

특히 소아기의 성적 학대, 소아성애적 성폭력(child sexual molestation), 특히 남자 소아의의 경우 성인 동성애자로부터 성폭행을 당한 경우, 나중 동성애자가 될 가능성이 크다고 한다.[32]

---

[32] Wilson HW, Widom CS.(2010). Does Physical Abuse, Sexual Abuse, or Neglect in Childhood Increase the Likelihood of Same-sex Sexual Relationships and Cohabitation? A Prospective 30-year Follow-up. Archives of Sexual Behavior 39(1):63-74, http://dx.doi.org/10.1007/s10508-008-9449-3.
Holmes WC. (1998). Sexual Abuse of Boys. The Journal of the American Medical Association 280(21).
Lenderking WR et al. (1997). Childhood sexual abuse among homosexual men. Prevalence and association with unsafe sex. J Gen Intern Med. 12(4):250-3. doi: 10.1046/j.1525-1497.1997.012004250.x.
Addiction & Compulsivity, 20:217-253. doi: 10.1080/10720162.2013.807483.
Mayer LS, McHugh PR. (2016). Sexuality and Gender: Findings from the Biological, Psychological, and Social Sciences. The New Atlantis 50:10-143,
http://www.thenewatlantis.com/publications/number-50-fall-2016.
Watkins B, Bentovim A.(1992). The Sexual Abuse of Male Children and Adolescents: A Review of Current Research. Journal of Child psychology and Psychiatry 33(1):197-248.
Haverkos HW.(1989). The Initiation of Male Homosexual Behavior. The Journal of the American Medical Association 262:501.
Erickson WD.(1988). Behavior Patterns of Child Molesters, Archives of Sexual Behavior 17:83.
Widom CS.(1995). Victims of Childhood Sexual Abuse-Later Criminal Consequences, Victims of Childhood Sexual Abuse Series: NIJ Research in Brief Vol 6
Elliott M.(1995). Child Sexual Abuse Prevention: What offenders Tell Us. Child Abuse Negl 19: 582
Friedman MS, et al. (2011). A Meta-Analysis of Disparities in Childhood Sexual Abuse, Parental Physical Abuse, and Peer Victimization Among Sexual Minority and Sexual Nonminority Individuals. Am J Public Health. 101(8):1481-1494.
Parkes A, et. al. (2011). Comparison of teenagers' early same-sex and heterosexual behavior: UK data from the SHARE and RIPPLE studies. Journal of Adolescent Health 48:27-35.
Tomeo ME, Templer D, Anderson S, Kotler D. (2001). Comparative date of childhood and adolescence molestation in heterosexual and homosexual persons. Arch Sex Behav 30: 535-41.
Rothman EF, Exnerz D, Baughman A. (2011). The prevalence of sexual assault against people who identity as Gay, Lesbian or Bisexual in the United States: A systematic review. Trauma violence Abuse 12(2):55-66.
Mark S. Friedman et al. (2011). A Meta-Analysis of Disparities in Childhood Sexual Abuse, Parental Physical Abuse, and Peer Victimization Among Sexual Minority and Sexual Nonminority Individuals. American Journal of Public Health 101(8):1481-1494,
Andersen JP, Blosnich J. (2013). Disparities in Adverse Childhood Experiences among Sexual Minority and Heterosexual Adults: Results from a Multi-State Probability-Based Sample. PLOS ONE 8(1):e54691,
Wilson HW, Widom CS. (2010). Does Physical Abuse, Sexual Abuse, or Neglect in Childhood Increase the Likelihood of Same-sex Sexual Relationships and Cohabitation? A Prospective 30-year Follow-up. Archives of Sexual Behavior 39(1):63-74,

2022년 반더빌트대학의 트란(Nathaniel M. Tran) 등 연구팀[33]은 최근 18세 이전의 사람들을 대상으로 한 대규모 다기관 연구를 시행하였다. 연구대상 성인 61,871명 중 6.7%가 LGBTQ+ 사람들이었다. 그들에 대해 소아기 부정적 경험(adverse childhood experiences. ACEs)을 조사하였다. 분석결과 이성애자에 비해 LGBTQ+사람들에게 ACEs가 더 많았다. LGBTQ+사람들에게 특히 성적 폭행(sexual abuse)(adjusted OR=2.94; 95% CI, 2.46-3.51), 가족내 정신질환(adjusted OR=2.43; 95% CI, 2.06-2.87), 감정적 폭력(adjusted OR=2.3; 95% CI, 1.97-2.68) 등을 더 많이 경험하였다. 또한 이성애자에 비해 LGBTQ+ 사람들은 더 젊었다(65세 이하가 88% vs. 73%). 더 젊다는 말은 최근에 LGBTQ+가 증가하고 있다는 의미 같다.

Beard KW, et al. (2013). Brother-brother incest: Data from an anonymous computerized survey. Sexual Addiction & Compulsivity 20:217-253.
Doll LS, et al.,(1992). Self-Reported Childhood and Adolescent Sexual Abuse Among Adult Homosexual Bisexual Men, Child Abuse and Neglect 16(6):855-64.
Roberts AL. et al.(2010). Pervasive Trauma Exposure Among US Sexual Orientation Minority Adults and Risk of Posttraumatic Stress Disorder. American Journal of Public Health 100(12):2433-2441, http://dx.doi.org/10.2105/AJPH.2009.168971.
Bramblett, JRJr, Carol Anderson Darling CA.(1997). Sexual Contacts: Experiences, Thoughts, and Fantasies of Adult Male Survivors of Child Sexual Abuse. Journal of Sex & Marital Therapy 23(4):313.
Yin Xu 1, Yong Zheng. (2015). Prevalence of Childhood Sexual Abuse among Lesbian, Gay, and Bisexual People: A Meta-Analysis. J Child Sex Abus 24(3):315-31. doi: 10.1080/10538712.2015.1006746.
O'Keefe, S. L., Beard, K. W., Swindell, S., Stroebel, S. S., Griffee, K., & Young, D. H. (2014). Sister-brother incest: Data from anonymous computer assisted self interviews. Sexual Addiction & Compulsivity, 21, 1-38. doi: 10.1080/10720162.2013.877410
Beard KW. et al.(2013). Brother-brother incest: Data from an anonymous computerized survey. Sexual

33 Tran NM, Henkhaus, LE. Gonzales G. (2022). Adverse Childhood Experiences and Mental Distress Among US Adults by Sexual Orientation. JAMA Psychiatry 79(4):377-379.

3. 동성애자들의 반론

동성애자들은 위에서 언급한 정신역동적 설명을 다음과 같이 비판한다[34]: 냉담한 아버지나 과잉보호적인 어머니 같은 설명은, 후향적 기억에 근거하여 치료자가 주관적으로 추정한 것일 뿐이다. 즉 객관적 내지 과학적 근거가 못 된다는 것이다. (이러한 논리에 따르면, 동성애자들이 어릴 때부터 동성애를 느꼈다는 기억을 근거로 선천성을 주장하는 것도 마찬가지로 과학적이 아니라고 보아야 한다) 그러나 그 반대되는 연구는 발견되지 않으며 오직 주장만 있을 뿐이다. 또한 이 이론은 부모를 탓함으로 부모를 악마화한다고 비난한다.

어려서의 젠더비순응이 원인이라고 주장한다. 동성애 옹호학자들은, 동성애자들은 어려서부터 동성애적 경향 내지 젠더비순응(gender non-conforming 트랜스젠더)을 나타내어 그런 태도나 행동이 부모의 학대나 친구들로부터의 따돌림을 당하게 만든다고 하였다. 예를 들어 남자아이가 여자처럼 행동한다거나 반대로 여자아이가 남자처럼 행동하면. 이러한 행동 때문에 부모의 학대를 받았을 가능성이 있다는 것이다. 그런데 동성애 옹호론자들은 어려서의 젠더비순응도 타고난 또는 유전된 특성(traits)이라고 주장한다. 동성애자는 어려서 반대 성의 행동(cross-sex-typed behavior)을 한 기억이 많고.[35] 또는 게이의 경우, 자

---

[34] Bailey JM, et al. (2016). Sexual Orientation, Controversy, and Science. Psychological Science in the Public Interest 17(2):45.
Bailey DH, Bailey JM.(2013). Poor Instruments Lead to Poor Inferences: Comment on Roberts, Glymour, and Koenen (2013)," Archives of Sexual Behavior 42(8):1649-1652, http://dx.doi.org/10.1007/s10508-013-0101-5.

[35] Friedman R. (1988). Male Homosexuality: A Contemporary Psychoanalytic Perspective. Yale University Press. Obtained from http://borngay.procon.org/

신이 여성적이라는 젠더 정체성을 보이는 경향이 높다.[36] 즉 대부분의 시시들(sissies)은 동성애자로 자란다고 하며, 또한 대부분의 동성애자들은 소아시절 시시였다고 한다. 물론 이런 견해는 정치적으로 공격받고 있다.[37]

그러나 젠더 비순응성(트랜스젠더)이 타고난다는 증거가 없다. 또한 신경증성(neuroticism)은 하나의 선천적 특성으로 동성애 자체의 정신병리를 인정하는 것이다.

또 하나의 가설로, 어려서의 성(젠더) 정체성 장애(또는 젠더비순응)의 경험은 어린 소아로서는 "exotic"한데, 이 느낌이 사춘기를 넘어서면서 "erotic"해지면서 동성애가 발생한다는 설명이 있다.[38]

회복치료를 제안한 니콜로지(Nicolosi)는 동성애는 소아기의 젠더외상(gender trauma)을 수리(repair)하려는 증상이라 하였다.[39] (이 책의 V. 회복치료 참조) 유사하게, 동성애자인 부모들은 그 자녀들에게 영향을 미쳐 그들이 동성애자로 양육될 가능성이 크다는 연구가 있다.[40]

---

36 Bailey JM, Zucker K. (1995). Childhood Sex-Typed Behavior and Sexual Orientation: A Conceptual Analysis. Developmental Psychology, vol. 31, No. 1. Obtained from http://borngay.procon.org/
37 Hamer D, Copeland P. (1994). The Science of Desire: The Search for the Gay Gene and the Biology of Behavior. Simon & Schuster. Obtained from http://borngay.procon.org/
38 Bem DJ. (1996). Exotic Becomes Erotic: A Developmental Theory of Sexual Orientation. Psychological Review 103;(2):320-335.
39 Nicolosi J. (2016). The Traumatic Foundation of Male Homosexuality. December 19. https://www.crisismagazine.com/2016/traumatic-foundation-male-homosexuality

이 반론에 대한 반론 - Robert 등[41]은 통계분석을 통해 어린 시절의 역경이 먼저 있었고 이후에 젠더 비순응성이 나타났음을 입증하고 있다. 즉 소아기 역경이 동성애의 기본적 원인이라는 것이다.

4. 동성애 행동의 역동적 설명

동성애 원인론의 핵심은 아마도, 차별, 혐오, 박해에도 불구하고, 동성애-항문성교에 끌리는 이유일 것이다. (레스비언에 대한 역동적 설명은 매우 드물다) 항문성교를 하게끔 하는 유전적 내지 선천적인 원인이 없다면, 현재로서는 그런 증거는 없지만, 그 이유는 아마도 다음과 같은 정신역동적일 것이라고 추정할 수 있다:

전성기적 쾌락(pre-genital pleasure)의 성화(sexualization) - 구강기에 있는 어린 아기의 쾌락의 근원은 젖빨기인데, 젖빨기는 성적이 아니지만, 성인의 경우 성화되어 성교에 사용된다. 마찬가지로 항문기적 쾌락이 성화된 것이 항문성교라 할 수 있다. 항문으로 (또는 입으로) 삽입하고 사정하는 쾌감은 질성교나 자위에서와 같은 원리이다. 즉 이런 성행위들은 소아기적 일반적인 쾌락이 에로틱해지고 또 성화된 결과이다.

---

40 Cameron P, et al. (1994). The longevity of homosexuals: before and after the AIDS epidemic. Omega J Death and Dying 29(3):249-272.
Schumm WR. Children of homosexuals more apt to be homosexuals? A reply to Morrison and to Cameron based on an examination of multiple sources of data. Journal of Biosocial Science 2010;42(6):721-42.

41 Robert AR, Glymour MM, Koenen KC. (2013). Does maltreatment in childhood affect sexual orietation in adulthood?. Arch Sex Behav 42:161-171.

한편 항문으로 삽입 당하는 동성애자에게는 어떤 쾌락이 있을까에 대해서는, 항문은 성감대가 아니므로, 전립선에 대한 자극을 들고 있다. (전립선에 성감대가 있다는 셈이다) 심리적으로는 항문으로 삽입당하는 느낌은 (원래 성감과는 상관이 없는 것이지만), 누군가의 소유가 된다는 의미에서 소속감을 느끼거나, 또는 누군가의 섹스상대가 됨으로 사랑의 대상(love-objaect)이 된다고 느낄 수 있어, 과거의 애착 결핍의 트라우마를 보상할 수 있다는 점에서 행복감을 가져다 줄 수 있다. 타인의 몸을 자신의 몸 안으로 들이는 상황에 대한 정신분석적 설명은 함입(incorporation)이라는 정신(방어)기제라는 것이다. 이로서 두 몸은 하나가 된다.

또 하나 염두에 둘 것은, 정신분석 이론에 의하면, 전성기적 쾌락, 즉 소아기 섹슈얼리티(infantile sexuality)가 성인으로 연장된 상태, 다른 말로 정신성발달 또는 인격발달이 중단된 상태는 성인이 되어 성기능장애와 성도착장애로 나타난다. 그런 의미에서 정신분석가들은 동성애도 성도착의 일종으로 보았던 것이다.

이성 혐오의 기전 - 게이의 경우 여성 혐오가 문제가 되고, 레스비언의 경우 남성 혐오가 문제가 된다. 왜 그럴까? 이는 정신역동적으로 어려서 자라면서 성에 대한 학습, 즉 동일시(同一視 identification)의 결과로 볼 수 있다. 어린아이에게 성을 학습시키는 최초의 선생은 부모이다. 아버지는 세상의 남성을 대변하고, 어머니는 세상의 여성을 대변한다. 아이는 부모의 행동과 부모사이의 관계를 보면서, 남자는 이러하고 여자는 저러하며, 남녀 관계는 어떠하다는 것을 배운다. 그런데 부모가 아이에게 부정적으로 행동하거나 부부가 불화하는 모습을 보면, 아이들은 왜곡된 남녀상 또는 왜곡된 남녀 역할을 학습하게 된다. 또한 아버지나 어머니가 어린 자녀에 성적 트라우마를 주는 경우도 있다. 그러면 성인이 된 후 특에 성애 대해 무서워하고 분노하고 싫어하고 혐오할 수 있다.

동성애 관계에는, 즉 두 남자 사이는 (두 여자 사이에서도 마찬가지) 상호 평등하기보다 삽입과 피삽입 간의 관계로서 지배와 복종의 관계, 내지 가학-피학(sado-masochistic)의 관계가 내재되어 있다. 즉 동성애 관계에도 "섹스"와 공격성이 공존하고 있다.

애착의 성화(sexualization) - 애착(attachment)현상은 사랑의 관계로 볼 수 있으나, 보다 구체적인 육체적 요소가 통합되어 있다. 예를 들면 아기든 성인이든 사랑한다는 말보다 껴안아 주는 것이 확고한 사랑의 표현이 된다. 따라서 어려서 애착 경험에 결핍이 있는 사람은, 우연히 형성된 동성간의 관계를 애착으로 여길 수 있다. 마침 그가 사춘기에 있어 처음으로 성욕을 느끼고 있을 경우 동성간 애착관계가 로맨틱해지고 에로틱해지고, 성화(sexualization) 될 수 있을 것이다.

3
전환치료

전환치료(conversion therapy)란, 그런 기법이 따로 있는 것이 아니고, 정신분석적 내지 역동적 정신치료 기법을, 노이로제 치료에 적용하듯, 동성애 치유에 사용하는 것이다.

정신분석은 모든 치유적 상담 이론의 시작점이기에 그 기법에 대해 자세히 설명한다.

1. 정신분석 기법

- **자유연상(Free Association)**
환자는 (전통적으로 분석가를 등지고 장의자에 비스듬이 누워) 편안한 가운데 자유로이 떠오르는 생각을 말하도록 하는 것이다. 분석가는 이를 주의스럽게 들으며, 의도하든 실수로 내뱉든, 어느 한 단어, 어느 한 순간의 감정표현, 어느 한 순간의 행동, 좀더 크게는 어느 한 사건에 대한 이야기 등을 캐치하여 그에 관련된 자유연상을 지속하게 한다. 환자의 모든 말과 감정표현과 행동은 감추어진 내면을 상징하거나 부인하거나 왜곡한 결과라고 보기 때문에, 이를 단서삼아 그의 내면(무의식)을 드러내고자 하는 것이다.

예를 들면, "어제 누군가를 만났는데, 나더러 얼굴이 여자같다고 해서 기분이 약간 상했다"라고 한다면, 분석가는 우선 더 이상 말하도록 기다리는 태도를 보인다. (곧장 동성애자로 보는 것 같아서 기분 나빴는가 라고 묻지 않는다) 내담자가 여전히 말없이 없다면, "예 그랬군요"하면서 그런 기분을 인정해 주고 또 더 연상하도록 기다릴 수 있다. 이는 "자유연상"을 이끌어 내기 위함이다. 따라서 질문은 개방된 질문일수록 좋다. 예를 들어 "그게 무슨 이야기입니까", "좀 더 자세히 말해보십시오"라고 말한다. 그러나 "왜 그런 느낌이?", "당시 어떤 상황이었는데요?"라는 질문은 덜 개방적이다. 즉 곧바로 이런 것 때문이 아닌가 하고, 치료자가 섣불리 짐작해서 되묻지 않도록 하여야 한다. 그다음 요청해 볼 만한 것은 "그래서 그다음에는요?"이다 ("그래서 당신은 뭐라고 했습니까?"는 보다 덜 개방적 질문이다) 이런식으로 한마디 진술을 중심으로 면담(자유연상)해 나간다. 정신분석은 친구의 여자같다는 말 한마디에 기분 상했다는 한가지 사건을 완전히 이해한다면 환자의 마음 전체, 따라서 동성애자가 된 이유를 이해할 수 있다고 본다. 정신분석을 통해 삶의 여러 경험에 대해 자유연상을 반복하다 보면, 환자는 자신의 기분변동에 대한 하나의 패턴이 있음을 느끼기 시작한다. 즉 친구의 간단한 언급에 대해 기분 상하는 일이, 부모와의 관계에서, 학교 선생님과의 관계에서, 회사 사람과의 관계에서, 배우자와 자식과의 관계에서 반복되고 있음을 깨달을 수 있게 된다. 이런 인간의 행동이 반복되는 현상을 반복강박 (repetition compulsion)이라 한다. 이런 반복을 분석하다 보면 환자는 자연히 스스로 자신의 문제를 깨닫게 된다는 것이다. "아하 이래서 내가 기분이 나빴구나." 그리고 더 나아가 궁극적으로 "그래서 내가 동성애자가 된 것이구나."하고 깨닫는다. 이를 통찰(insight)이라 한다. 현재 자신으로 하여금 동성애자가 되게 한 정신상태는, 어려서 만들어져 평생 변형된 형태로 반복되어 왔고, 또한 치료하지 않으면 앞으로도 계속 여러 형태로 반복되어 나타날 것이라는 의미한다. ("세살 버릇 여든 간다"와 비슷하다) 다시 말하면 "마음 상하게 한 친구의 말 한마디에 대한 환자의 반응"에 그가 동성애가 된 과정, 즉 정신역동적 원인이 무의식적으로 내포되어 있는 것이다.

- 해석(interpretation)

분석가가 과거에 무의식적이었던 내용을 의식하게 해 줌으로 통찰에 이르게 하는 기법이다. 환자의 느낌, 생각, 행동에 대해 무의식적 의미나 원인을 연결시켜 설명해준다. 주로 전이나 저항, 현재 상황, 공상 등의 의미나 원인을 밝힌다.

동성애자의 경우 - 동성애 행동의 심층적(무의식적) 동기, 의미 등을 밝히는 것이다. 예를 들면 아버지상에 대한 반항, 어머니를 나의 소유로 하고자 하는 욕망, 아버지와 남성성에 대한 동일시의 실패, 등등이 삶의 여러 측면에서 변형되어 반복 나타나고 있다는 것이다. 예를 들면 어떤 동성애자의 동성애 행동이 무의식화 된 "여성(또는 남성)에 대한 증오,

공포, 혐오" 때문임을 알게 된다.

- 전이(transference)의 해석

  전이란 환자가 과거 어려서 중요했던 사람의 이미지를 현재 눈앞의 사람에게 투사하거나 동일시하는 현상이다. 예를 들어 동성애자에게는 모든 여성이 어머니처럼 여겨진다(동일시 한다). 그래서 그들과의 이성애적 섹스에 대해 근친간에 대한 두려움과 죄의식을 갖는다, 등등. 상담현장에서는 전이가 치료자에게 나타난다(반복된다). 환자는 치료자를 자신의 아버지처럼 보는 수가 많다. (그래서 양가감정을 가지는 수가 많다) "지금 당신이 그렇게 행동하는 것은 나를(치료자를) 당신의 아버지처럼 여기는 것 아니겠습니까?" 같은 언급이 전이의 해석이다. 전이의 해석은 함부로 하면 안된다. 가능하면 본인이 그런 깨달음에 스스로 도달하게 되는 것이 바람직하다. 본인이 그런 깨달음을 말 할 때도, 곧바로 인정하기보다 좀더 자세히 말하라고 함으로 재확인하는 것이 좋다.

  동성애자의 경우 – 내담자가 치료자를 동성애의 대상으로 느끼는 수가 있을 수 있다.

- 역전이(countertransference)의 인식

  역전이는 치료자가 자신의 과거 어릴 때 중요했던 사람과의 관계를 현재 치료자-환자 관계에 투사하는 것이다. 예를 들면 과거 아버지에게 학대를 받은 환자를 자신과 동일시하는 것이다. 그럴 경우 예를 들어 어쩐지 환자에 대해 동정적으로 느끼게 된다. 이런 역전이는 치료를 방해한다. 이럴 경우 분석가가 다른 분석가에게 자신의 마음 상태를 분석 받으

면서 치료를 계속할 수도 있고, 다른 분석가에게 환자를 의뢰하든지 해야 한다. 반면 역전이를 잘 분석하면, 즉 환자가 이유없이 불쌍하게 여겨지면, 그는 치료자처럼 어려서 학대받은 경험이 있을 것으로 추측할 수 있다.

이처럼 전이와 역전이 현상을 통해, 의사는 환자로부터 인간과 삶에에 대해 배울 수 있다. 정신치료의 이상적인 형태는, 상호작용을 통해 치료자와 환자의 인격이 더불어 성숙되는 것이다.

• 저항(resistance)의 해석

이는 자유연상이 중단되거나(갑자기 말이 없어짐), 면담 도중 깨달음을 얻을 순간 갑자기 울거나 웃음을 타뜨리면서 더 이상의 진행이 중단되게 하거나, 면담에 지각하거나 아예 무슨 핑계로 오지 않거나, 과도한 칭송을 하거나 선물을 하거나 (자신의 내면을 더 이상 건드리지 말아달라는 부탁이라고 본다) 하는 것을 저항이라 한다. 저항은, 곧 치료를 통해 획득할 통찰(깨달음)을 거부하는 것이다. 병적인 상태가 습관적이 되어 오히려 편하다는 의미가 된다. 또는 그동안 방어하고 있던 자신에 대한 진실을 얻게 될 가능성이 느껴질 때, 그 진실(무의식)을 아는 것이 무섭거나 고통스러울 것이라 느껴질 때, 이를 회피하려는 것이다. 치료자는 이런 저항을 지적하고 해석해 줌으로 통찰에 이르게 한다. 예를 들면 동성애자의 경우 결혼 이야기가 나오면 그런 얘기는 하지 말자고 아예 못을 박는다. 내담자가 그런 저항을 하면, 치료자는 그가 동성애자가 아닌가 하는 합리적 의심을 할 수 있다.

- 꿈의 해석(interpretation of dream)

정신분석의 중요한 기법이다. 꿈이 무의식을 대변한다고 보며, 꿈에서 나타난 현상은 내면을 상징하고, 압축하며 대치하고, 이야기화 해서 나타낸다고 본다. 그 의미를 자유연상을 통해 해석하는 것이다.

- 통찰(insight)

통찰 즉 깨달음이 정신분석의 목표이다. 정신분석은 증상 자체를 없애고자 하기보다, 증상이 나타나게 된 인격적 문제, 무의식의 내용과 그 방어 방식과 그에 동반되는 감정반응에 대해 "깨닫게 하는 것"이다. 정신분석 이론은, 일단 깨달음을 얻으면 "문제가 해결된다"고 본다.

- 훈습(熏習 working-through)

정신분석의 경험이 쌓이면서, 통찰만으로 문제해결이 어렵다는 것을 알게 되어, 통찰에 이르게 된 후 훈습이라는 과정을 가진다. 이는 깨달음을 일상 생활에서 한동안 반복 실습함으로 완전히 자기 것으로 만드는 것을 의미한다.

2. 기타 정신역동적 기법

- 환기(ventilation)

가정이나 직장생활에서 발생한 여러 가지 갈등이나 불안, 의문, 충동성, 죄악감을 치료자에게 속 시원히 털어놓게 하여 불만을 해소시키거나 긴장을 풀어주는 치료법이다. 선생님이나 선배와의 우정 어린 대화나 종교의식의 기도나 고백 행위가 이에 해당된다고 본다.

- 제반응(除反應 abreaction)

  무의식 속에 억압된 감정을 표현함으로써 누적된 긴장을 정화 또는 완화시키는 표현치료법이다. 슬픈 감정, 공포감, 혐오감, 분노, 적개심 등을 발산하게 한다. 넋두리나 하소연하는 것, 말로 하는 화풀이 등이 그 실례라 하겠다. 정화(catharsis)와 유사하다. (이런 반응은 최면, 암시 또는 수면제 투여로 촉진될 수 있다.)

  동성애자의 경우 - "아버지에 대한 불만이 있으면 한번 속 시원하게 말해 보십시오, 울어도 괜찮습니다. 이해합니다."라고 말한다

- 직면(confrontation)

  환자가 인정하지 않으려거나 피하거나 축소해버리는 행동, 사고, 감정 등을 지적해 말해주거나 확인시키는 것이다. 이는 공감한 상태에서 이루어져야 한다.

  동성애자의 경우 - 그렇게 말한 것이 바로 아까 당신이 말한 이성에 대한 혐오 아니겠습니까하고 말한다.

- 명료화(clarification)

  가장 흔히 사용하는 기법이다. 대화 내용들에 대해 통합된 관점을 갖도록 하기 위해 환자가 말한 것들을 재구성해준다. 또는 환자가 말로 표현하기 어려운 것을 표현하도록 도와준다. 추론이나 정교화 없이

요약하기(summarizing), 다른 말로 기술하기(paraphrasing), 또는 조리있게 정리하기(organizing) 등이다.

동성애자의 경우 - 동성과 어울리기가 이성과 어울리기보다 편하다고 할 때, 이는 이성을 싫어한다는 의미임을 밝혀주는 것이다.

- **자세하게 말하도록 격려함(encouragement to elaborate)**
환자에게 말하는 것에 대해 더 자세하고 많은 정보를 달라고 요청하는 것이다. 무슨 생각이 떠오르는지 등의 개방성 질문을 할 수도 있고 구체적 요구를 할 수도 있다. 이는 표현형, 지지형 모두에서 사용된다.

동성애의 경우 - 동성이 어쩐지 좋다라고 말하면, 왜 그런지, 어떤 때 특히 그런지, 언제부터(몇살 때부터) 그런지 등등을 자세하게 말하라고 한다.

- **감정이입적 확인(empathic validation)**
치료자가 환자의 내적 상태에 대해 감정이입적·동정적 동조를 하는 것이다. 예를 들어 "당신이 그에 대해 우울하게 느낀다는 사실을 이해한다" 또는 "그랬을 때 마음이 상했군요"라고 말한다. 자아심리학에서 매우 중요시하는 기법이다.

동성애자의 경우 - "누구나 동성애를 느낄 때가 있을 수 있지요. 이해합니다. 그런데 ..."하고 자유연상을 계속할 수 있다.

- 충고와 칭찬(advice and praise)

  의사가 중립적 입장을 떠나 어떤 특정행동을 하라고 처방하거나 칭찬함으로써 긍정적 행동을 재강화하는 것이다.

  동성애자의 경우 - 이성애 행동을 할 때 이를 지적하고 인정하고 격려한다. 이성친구들과 등산을 갔다고 하면, 또는 동성끼리(남자끼리) 축구를 했다고 한다면, 이를 잘했다고 언급한다.

- 확인(affirmation)

  환자의 말이나 행동을 긍정하는 것이다. 예를 들어 "아하, 그렇지요" 또는 "무엇을 의미하는지 알겠다"라고 말한다.

  동성애자의 경우 - 이성애 행동을 하였을 때 긍정적으로 확인해 준다.

- 합리화 재규정(rationalizing reframing)

  문제를 다른 각도로 보게 해준다. 질문에 바로 답하기보다 여러 방식으로 생각해보도록 권장하는 것이다. 전에는 괜찮았다고 생각되는 생각, 행동 등에 대해 다른 전망을 가지도록 질문하고 이들을 교체하거나 재규정하도록 한다.

  동성애자의 경우 - "동성애나 독신은 역시 결혼하고 아이낳고 사는 원칙과 다른 것이 아니겠습니까?" 라고 언급한다.

- 재확인(안심시킴)(reassuranc)

의사의 권위로 환자를 안심시키는 것을 말한다. 즉 증세에 대해 설명하거나 환자가 환경에 대해 불안해할 때, 심각한 정도가 아니라는 등 보증을 하거나, 병은 두려워할 것이 아니라는 확신을 주는 것 등이다. 이로써 증세의 악순환을 막는다.

동성애자의 경우 - 이성애 행동을 하였을 때 재확인 해준다.

- 설득(persuation)

충동이나 욕구불만, 잘못된 생각이나 습관을 환자의 이성과 의지 또는 윤리도덕관에 적극적으로 호소하여 시정하도록 하는 요법이다. 일방적인 강요보다는, 치료자를 신뢰하게 하고, 권유나 설명을 통해 자기 문제를 스스로 비판하고, 자아를 강화하게 함으로써, 증세를 완화시킨다. 치료자는 증세를 억압하기도 하고, 보다 견디기 쉬운 상태로 변환시키기도 하며, 때로는 더 강한 방어기제를 사용하게 하거나 새로운 방어기제로 대치시키기도 한다.

동성애자의 경우 - 사회적 이성적 윤리적 판단 내지 기독교적 원리를 제시한다.

- 암시(suggestion)

겪고 있는 증상이 완화되거나 곧 나을 것이라고 암시함으로써 치료효과를 얻는 요법이다. 치료자가 권위나 신뢰를 유지하며 피암시성이 강한 환자를 동정적인 태도로 대할 때, 자아의 퇴행이나 무의식적 갈등이 잘 해결되며 암시의 효과가 높다. 그러나 일시적 효과에 그치기 쉽다. 또한 이어서 병식에 대한 역동적 접근을 시도하지 않으면 증상이 재발하기 쉬우므로 재교육 치료도 필요하다. 암시는 어린애같이 감정이 미숙하거나 히스테리 경향을 가진 환자, 초발한 전환장애나 외상후 스트레스 장애 환자 등에서 효과가 좋다.

동성애자의 경우 - 역시 이성애자나 시스젠더로 행동 하는 것이 사람들이 좋아하고, 본인도 마음 편하겠지요? 지금 당장은 아니겠지만, 아마 곧 그렇게 될 겁니다라고 암시한다.

3. 역동적 정신치료

정통 정신분석 기법은 치료자가 엄격히 중립을 지켜야 하고, 또한 환자에 따라 감당이 어려운 경우가 발견됨에 따라, 역동적 원인분석보다 덜 체계적이고 덜 철저한 대신, 전이나 꿈의 해석을 다루기는 하지만 보다 가볍게 다루고, 자아방어기제(ego defense mechanism)를 현실적으로 보완해주며, 자기파괴적 행동에 대해서는 더 적극적으로 개입하는 등 현실적 적응에 더 역점을 두는 기법이 사용되기도 한다. 무의식을 다르는 수준에 따라, 정신분석에 기반을 둔 역동적 정신치료(dynamic psychotherapy), 통찰지향 정신치료(insight-oriented psychotherapy), 표현형 정신치료(expressive psychotherpay), 지지적 정신치료(supportive psychotherapy), 단기 정신역동적 치료라 한다. 내담자 중심 상담(client-centered counseling)도 상당 부분 이에 해당한다.

- 교정적 감정경험

1940년대 정신분석가 F. Alexander는 통찰을 통한 변화보다 교정적 감정경험(corrective emotional experience)을 통한 변화가 치료자가 추구해야 할 기능이라고 보았다. 즉 환자는 치료자-환자의 관계를 통해 새로운 경험을 하고 감정문제를 개선할 수 있다. 예를 들어 어릴 때 환자의 아버지가 너무 엄하고 폭력적이었기 때문에 문제가 되었다면, 치료자가 그와 반대로 친절하고 따뜻하며 부드러운, 융통성 있는 비비판적·비권위적 태도 그리고 때에 따라 단호하고 한계를 짓는 태도를 보인다면 환자는 이러한 새로운 아버지상에 적응하고 치료자를 자신과 동일시하게 된다. 이를 치료적 닮기(therapeutic modeling)라 하기도 한다.

- 기타

무의식의 분석보다 대인관계에 포커스를 두는 정신분석의 변형된 기법으로 대인관계 치료(interpersonal therapy; IPT), 정신화 기법(mentalization-based Treatment) 등이 있다.

4
전환치료의 효과

    지도적 정신분석가들의 전환치료에 대한 저술 이외에도 다수의 분석가들이 전환에 성공한 경험을 발표해 왔다.[42]

- Gordon(1930)이 정신분석으로 동성애를 이성애자로 바꾼 사례를 보고했다.[43]
- Stekel(1930)은 정신분석으로 동성애를 전환하고 1년간 추적한 사례 3례를 보고했다.[44]

---

[42] Phelan JE, Whitehead N, Sutton PM. (2006). What Research Shows. (2006). NARTH's Response to the APA Claims on Homosexuality. A Report of the Scientific Advisory Committee of the National Association for Research and Therapy of Homosexuality. JOURNAL OF HUMAN SEXUALITY 1:1-121. https://www.academia.edu/34948471/What_Research_Shows_NARTH_s_Response_to_the_APA_Claims_on_Homosexuality_A_Report_of_the_Scientific_Advisory_Committee_of_the_National_Association_for_Research_and_Therapy_of_Homosexuality

[43] Gordon A. (1930). The history of a homosexual: His difficulties and triumphs. Medical Journal and Record 131:152-156.

[44] Stekel W. (1930). Is homosexuality curable? Psychology Review 17:443-451.

- London and Caprio(1950)는 정신분석으로 두 남자 동성애자를 이성애자로 전환시켰다고 하였다.[45]
- Caprio(1954) 레스비언을 18년간 치료하면서 많은 동성애자들이 소아기 갈등을 해소하면서 이성애자가 될 수 있다고 하였다.[46]
- Ellis(1956)[47]는 40명의 동성애자를 치료하여 11명(28%)에서 분명한 전환에 성공하였다고 하였다. 또한 48%에서 상당환 호전을 보았다고 하였다.
- Eidelberg (1956) 은 5명의 동성애자를 치료하여 3년간의 추적에서 2명에서 전환에 성공하였다고 하였다.
- Curran and Parr(1957)는 완전한 전환자 1명과 이성애로의 진전을 보인 환자 5명을 보고하고 있다.[48]
- Berg and Allen(1958)은 10명의 동성애자 중 3명에서 전환 또는 동성애에 대한 흥미 감소에 성공하였다.[49]
- Hadfild(1958, 1966) 30년의 추적에서 53%의 전환치료 성공을 보고하였다.[50]

---

[45] London LS, Caprio FS. (1950). Sexual deviations: A Psychodynamic approach. Washington, DC: Linacre Press, Inc.

[46] Caprio FS. (1954). Female homosexuality: A psychodynamic study of lesbianism. New York: Citadel Press.

[47] Ellis A. (1956). The effectiveness of psychotherapy with individuals who have severe homosexual problems. Journal of Consulting Psychology 20(3):191.
Ellis A. (1959). A homosexual treated with rational therapy. Journal of Clinical Psychology 15(3): 338-343.

[48] Curran D, Parr D. (1957). Homosexuality: An analysis of 100 male cases. British Journal of Psychiatry 112:1111-1114.

[49] Berg C, Allen C. (1958). The problem of homosexuality. New York: Citadel Press.

[50] Hadfield JA. (1958). The cure of homosexuality. British Medical Journal 1(2):1323-1326.
Hadfield JA. (1966). Origins of homosexuality. British Medical Journal 7:678.

- Robertiello(1959)는 자유연상과 꿈 분석에서 레스비언이 무의식의 기억을 알게 되고 오이디푸스 콤플렉스를 해결함으로 이성애자로 전환하였음을 보고하였다. 2년 추적에서도 여전히 이성애자 정체성을 유지하고 있었다.[51]
- Beukenkamp(1960)는 집단정신분석에서 한 명의 동성애자가 이성애자로 변화하였다.[52]
- Monroe 및 Enelow(1960)는 4명의 동성애자를 정신분석하여 5년 추적에서까지 전환 상태에 있었다고 하였다.[53]
- Coates(1962) 33명을 정신분석하여 15%에서 동성애 행동이 해소되었다.[54]
- Ovesey, Gaylin, 및 Hedin(1963)은 3명의 동성애자들을 정신분석하여 전환되었고, 7년 추적에서도 여전히 전환상태에 있었다고 하였다.[55]
- Cappon(1965)는 게이에서 50%의 성공률, 레스비언에서 30%의 성공률을 보고하고 있다.[56]
- Mayerson 및 Lief(1965)는 19명을 정신분석하여 평균 4.5년간 추

---

51 Robertiello RC. (1959). Voyage from lesbos: The psychoanalysis of a female homosexual. New York: Citadel Press.
52 Beukenkamp C. (1960). Phantom patricide. Archives of General Psychiatry 3:282-288.
53 Monroe RR, Enelow RG. (1960). The therapeutic motivation in male homosexuals. American Journal of Psychotherapy 14:474-490.
54 Coates S. (1962). Homosexuality and the Rorschach test. The British Journal of Medical Psychology 35:177-190.
55 Ovesey L, Gaylin W, Hedin H. (1963). Psychotherapy of male homosexuality: Prognosis, selection of patients, technique. American Journal of Psychotherapy 19:19-31.
56 Cappon D. (1965). Toward an understanding of homosexuality. Englewood Cliffs, NJ: Prentice-Hall, Inc.

적에서 47%의 성공률을 보고하였다.[57] 그러나 이 연구는 연구대상의 자가보고에 근거하고 있다는 비판을 받는다.

- Mintz(1966)는 10명을 정신분석하고 8년간 추적에서 2명에서 성공하였다.[58]
- Kaye 등(1967)은 한 연구위원회보고서를 통해, 레스비언에서 56%의 성공률을 보고하고 있다.[59]
- Jacobi(1969)는 60명을 정신분석하여 그 중 6명이 완전한 이성애자로 전환되었다고 하였다.[60]
- 1970년대 이후에도 정치적 압력에도 불구하고 치료에 대한 연구들이 간간히 발표되었었다.[61]
- 1971년 Lawrence Hatterer는 15년간 200명 이상의 동성애자를 대상으로, 어려서의 가족관계와 소아기 경험에 대한 정신분석과 게이바 출입 금지나 이성애 포르노를 보는 등 습관조정의 방법으로 치료하여 약1/3에서 안정적인 이성애적 적응으로 전환시킬 수 있었다

---

57 Mayerson P, Lief H. (1965). Psychotherapy of homosexuals: A follow-up study. In J. Marmor (Ed.), Sexual Inversion: The Multiple Roots of Homosexuality. New York: Basic Books.
58 Mintz E. (1966). Overt male homosexuals in combined group and individual treatment. Journal of Consulting Psychology 30:193-198.
59 Kaye HE., et al. (1967). Homosexuality in women. Archives of General Psychiatry 17:626-634.
60 Jacobi J. (1969). Case of homosexuality. Journal of Analytical Psychology 14:48-64.
61 Elizabeth J. (1970). Treatment of Homosexuality: A Reanalysis and Synthesis of Outcome Studies (unpublished PhD dissertation) Brigham Young University,
Kronemeyer R. (1980). Overcoming Homosexuality. NY: Macmillian.
Kaye H, et al. (1967). Homosexuality in Women. Archives of General Psychiatry 17:626-634.
Lamberd, WG. (1971). Viewpoints: What outcome can be expected in psychotherapy of homosexuals? Medical Aspects of Human Sexuality 5(12):90-105.
Lesse S. (1973). Editorials, American Journal of Psychotherapy, 27:151-154, and 1974;28:1-3.
James EC. (1978). Treatment of homosexuality: A reanalysis and synthesis of outcome studies. Unpublished doctoral dissertation, Brigham Young University, Provo, Utah. 1978.
MacIntosh H. (1994). Attitudes and Experiences of Psychoanalysts, Journal of the American Psychoanalytic Association 42(4):1183-1207.

고 하였다.[62]

- 1974년 Clippinger는 동성애 치료의 메타분석은 전환을 위한 치료를 받은 785명의 동성애자 중 307명(40%)에서 전환이 있었다고 하였다.[63]

- 1978년 Socarides에 의하면, 1956년 미국 정신분석학회의 the Central Fact-Gathering Committee의 (처음으로 조사한 결과) 미발표 보고서에 의하면, 치료를 완료한 13명 중 8명에서 성공하였고, 미완료한 16명도 어느 정도 호전하였다고 하였다. 완치를 보고한 모든 환자들에 대한 추적에서 전원 이성애자로 기능하고 있었다고 한다.[64]

- 1978년 E. C. James는 1978년 까지 출판된 모든 연구보고서들을 종합하면, 약 35%의 동성애자들이 회복하였고, 27%가 호전하였고, 37%에서 변화가 없었다고 하였다. 이에 근거하면 동성애는 치유되지 않는다는 비관적 태도는 보장되지 않는다. "유의한 변화 내지 완전한 회복은 전적으로 가능하다"고 하였다.[65]

- 1988년 Siegel은 12명 레스비언 중에서는 50% 이상에서 전환하였다고 하였다.[66]

---

62 Lawrence Hatterer L. (1970). Changing homosexuality in the male. treatment for men troubled by homosexuality. NY; McGraw-Hill. 1970
63 Clippinger JA. (1974). Homosexuality can be cured. Corrective and Social Psychiatry and Journal of Behavioral Technology, Methods, and Therapy 20(2):15-28.
64 Socarides CW. (1978). Homosexuality: Psychoanalytic therapy. New York: Jason Aronson.
65 James EC. (1978). Treatment of homosexuality: A reanalysis and synthesis of outcome studies. Unpublished doctoral dissertation, Brigham Young University, Provo, Utah.
66 Siegel EV. (1988). Female homosexuality: Choice without volition: A Psychoanalytic study. Psychoanalytic Inquiry Book Series: Vol. 9. Hilldale, NJ: The Analytic Press.

- 1992년 Shechter는 동성애 전환을 위한 정신분석이 아니었는데, 분석중에 동성애가 저절로 전환되었던 경우를 보고하고 있다. 이는 동성애가 내면의 문제임을 암시한다.[67]
- 1994년 Berger이 성공사례 2명 보고하였다.[68]

---

[67] Shechter RA (1992). Treatment parameters and structural change: Reflections on the Psychotherapy of a male homosexual. International Forum of Psychoanalysis 1:197-201.

[68] Berger J. (1994). The psychotherapeutic treatment of male homosexuality. American Journal of Psychotherapy 48:251-261.

III
학습이론과 행동치료

1
학습이론

　학습이론(learning theory)은 1940년대에 등장한 인간의 대부분의 행동은 학습된다고 하는 심리학 이론다. 학습이란 경험의 결과로 행동의 변화가 일어나는 것이다. 이는 행동주의 이론과 비슷한데, 행동주의(behaviorism)는 인간과 동물의 행동을 체계적으로 연구하는 학문이다. 즉 행동이론(behavioral theory)은 개인의 환경 내에서의 전후 사건을 분석함으로, 그리고 이전 경험을 통해 획득한 학습된 연상을 분석함으로 인간 행동을 이해하고자 한다. 예를 들어 칭찬이나 상 또는 벌로서 행동이 바뀌게 되는 과정에 대한 이론이다.

1. 쾌락행동의 학습과 중독

　인간의 모든 행동에는 유전적 요인, 뇌 요인 등 생물학적 요인이 관련되고 있다. 성행위의 경우 인간은 자식 생산 이외의 목적 즉 순수한 쾌락을 위해 성행위를 할 수 있으며, 쾌락을 배가하는 갖가지 방안을 추구하고 있다.[69] 학습이론은, 우연히 한번 행동해서 결과가 만족스러우면 반복하기 쉬운데, 반복하다보면 습관, 성격, 또는 중독이 된다고 말한다. 일단 중독이 되면 점점 더 강한 쾌락을 추구하고 더 자주 강박적 탐닉행동을 하게 된다. 일단 중독이 되면 금단증상이 무서워 술이나, 도박이나 섹스 행동을 그만두기 어렵다.

학습은 뇌에서 일어난다. 중독 현상도 마찬가지여서, 물질중독(술, 마약 등)이든 성중독이든, 뇌의 보상회로(reward circuitry)라는 공통적 뇌기전[70]에 근거한다. 술이나 도박이나 섹스나, 어떤 자극에 의해 이 회로가 작동하면 쾌감(쾌락)이 동반된다. 이를 반복하면 보상회로가 강화되고 중단하면 약화된다. 이는 운동하면 근육이 발달하고 운동하지 않으면 근육이 위축되는 것과 같은 이치이다. 따라서 중독현상은 정신치료나 상담으로 치료하기 매우 어렵다. 그 결과 중독자의 인생은 파괴되기 쉽다. 쾌락에의 중독이 초래하는 부작용(쾌락의 대가)은 정신적으로나 신체적으로 가혹하다. 그러나 금단을 장기가 견디면 중독현상에서 벗어날 수 있다. (단주동맹이나 탈동성애 동맹은 이를 지원하는 자조운동이다)

---

69 매춘, 마약, 포르노, 도착행동, 비아그라 등등은 쾌락을 향한 방법들이다. 눈에 관련된 쾌락은 관음증이나 노출증으로 나타나고, 귀와 입에 관련된 쾌락은 외설증으로 나타나고, 피부에 관련된 쾌락은 부비기(frotteur)로 나타난다. 항문에 관련된 쾌락은 관장도착증이나 항분성교로 나타난다. 공격 본능과 관련된 쾌락 추구는 잔인성으로 나타나고, 입맛의 쾌락추구는 탐식(gluttony)으로 나타난다.
70 Blum K, et al. (2012): Sex, drugs, and rock 'n' roll: hypothesizing common mesolimbic activation as a function of reward gene polymorphisms. J Psychoactive Drugs 44(1):38-55.

2. 동성애의 학습

우연히 동성애적 경험을 하게 되고 그것이 색다르고 자극적이었다면, 한 번 더 해보고 싶어지는데, 반복하다 보면 동성애자가 되고, 중독에 빠지며, 그만두기가 어려워진다. 동성애가 일단 중독적이 되면, 다른 중독현상(알코올 중독, 도박중독)처럼, 벗어나기 어렵다.

행동치료로 동성애에서 벗어날 수 있다. 예를 들면 중독 재활 프로그램이라는 것이 있는데, 입원시키고 중독행동을 더 이상 못하게 강제하는 것이다. 행동치료를 강화하기 위해 집단치료 및 정신치료를 겸할 수 있다.

2
동성애 행동치료

행동치료(Behavioral therapies)는 정신장애를 잘못된 학습의 결과라고 생각하고, 새로운 학습을 통해 바람직한 행동으로 바꾸는 기법이다. 행동 수정 기법(behavioral modification)이라고도 한다. 이는 외부로부터의 자극을 통해, 즉 상과 벌을 통해 바람직하지 않은 행동만 수정하도록 학습시키는 것이다. 내면(무의식)에 대한 통찰을 얻고자 하는 역동적 정신치료와 대조된다.

행동치료는 여러 정신장애 뿐 아니라, 성장애들, 예를 들어 성불능, 조루증, 불감증, 관음증, 노출증, 이성복장 도착증, 페티시즘, 등등의 치료에 사용되고 있다.[71] 주요기법에는 이완훈련(relaxation training), 상호억제(reciprocal inhibition), 생체되먹이기 기법(biofeedback technique), 위

---

71 Rachman S.(2006). Sexual disorders and behavior therapy. Am J Psychiatry 118:235-240. https://doi.org/10.1176/ajp.118.3.235

계작성과 체계적 탈감작법(systemic desensitization), 행동수정기법, 노출치료(exposure treatment), 홍수법(flooding)[72] 등등이 있다. 학습이론에 근거한 다른 방법으로 covert sensitization method, masturbatory reconditioning visualization, 사회적 기술 훈련(social skills training) 등이 있다.

각종 행동치료가 동성애 치료에도 응용되었다. 동성애에 대한 행동치료의 시작은 Temple University의 Behavior Therapy Institute의 Dr. Joseph Wolpe 였다. 그의 행동치료의 대상은 게이의 여성과의 접촉에 대한 공포, 남자에 끌림, 및 일반적 대인공포 였다. 예를 들어 여성을 상상하면서 깊은 이완상태에 두는 것이다. 남성 끌림에 대한 치료에는 혐오기법이 사용되었다. 즉 남자의 나체를 보여주면서 약한 전기쇼크를 가하는 것이다. 그는 논문을 내지는 않았으나, 6개월간의 혐오치료로 75%의 동성애자가 이성애자로 변화였다고 한다.

1. 혐오치료(Aversion therapy)

파블로프(Pavlov)식 혐오법을 응용한 것이다. 이는 특정 행동과 혐오와 고통을 연관시킴(부정적 재강화 negative reinforcement)으로 그 특정 행동을 그만두게 한다, 예를 들어 동성애적 장면을 보여주면서 동시에 고통스러운 자극(대개 전기충격, 구역질을 유발하는 약물을 투여한

---

[72] 나치 독일이 동성애를 고친다고 동성애자들에게 강제로 이성과 성관계를 하도록 강요하였음

다)을 주어, 동성애적 느낌과 고통을 연관(association)시킴으로 동성애를 싫어하도록 학습시키는 방법(부정적 재강화)이다. 1960년대에 동성애에 대한 혐오치료가 활발하였다. 당시 Davison 및 Wilson[73]은 200명 이상의 행동치료가들을 조사하여, 그들 중 60%가 동성애 치료에 성공하였다고 말하였다고 보고한 바 있다.

그러나 동성애자 인권운동 동안 동성애자들은 이 치료법을 비인간적 학대, 고문이라고 비난하였다. 1970년대에 동성애자들은 이를 대대적으로 인권문제화 하여 미국정신의학회를 공격하여, 동성애를 정상이라는 결정을 이끌어 내었다. 그리하여 1973년 이후 관련 연구논문은 찾아보기 어렵다.

그러나 혐오요법은 다른 중독현상에 흔히 치료방법으로 사용되고 있다. 예를 들어 금연, 음식중독 등, 충동이 생길 때 스스로 몸에 약한 전기 자극을 가하는 것이다.[74] 즉 혐오치료를 혐오할 이유가 없다.

---

74 Jolly JA.(2016). Shocking Way (Really) to Break Bad Habits. The New York Times MAY 2, https://well.blogs.nytimes.com/.../a-shocking-way-really-to-break-bad-habits/

3
동성애 행동치료의 효과

다음과 같은 임상적 연구보고들이 있다.

- Freund(1960)는 행동개입으로 26%의 전환효과를 보았다고 하였다.[75]
- Stevenson 및 Wolpe(1960)는 자기주장 훈련(assertiveness training)으로 2명에서 성공하였으며 4년 추적에서도 확인되었다고 하였다.[76]
- Schmidt, Castell, 및 Brown(1965)은 행동치료로서 30%의 성공률을 보았다고 하였다.[77]

---

[75] Freund K. (1960). Some problems in the treatment of homosexuality. In H. J. Eysenck, (Ed.), Behaviour therapy and the neuroses (pp. 312-326). London: Pergamon Press.

[76] Stevenson I, Wolpe J. (1960). Recovery from sexual deviations through overcoming non-sexual neurotic responses. American Journal of Psychiatry, 116:737-742.

[77] Schmidt E, Castell D, Brown P. (1965). A retrospective study of 42 cases of behaviour therapy. Behaviour Research and Therapy 3:9-19.

- Poe(1952)는 adaptational therapy로서 22년간 동성애자였던 40세의 동성애자를 성공적으로 치료하였다 하였다.[78]
- Feldman, MacCulloch, 및 Orford (1971)는 63명 동성애자 치료 - 2년간 추적 - 에서 29%에서 성공하였다고 하였다.[79]
- Van den Aardweg(1971) 는 20명의 동성애자들을 exaggeration therapy로 치료하여 9명에서 전환에 성공하였다.[80]
- Birk 등(1971)은 전반적으로 행동요법의 성공률은 1/3 이상이라 하였다.[81]
- Barlow 및 Agras(1973)는 홍수기법(flooding technique)으로 치료 6개월 추적에서도 30%에서 치료성공을 보았다고 하였다.[82]
- McConaghy 및 Barr(1973)는 회피조건화(avoidance conditioning), 고전적 조건화(classical conditioning 및 backward conditioning 등을 사용하여 1/4의 환자에서 1년 추적에서까지 치료 성공하였다고 하였다.[83]

---

[78] Poe JS. (1952). The successful treatment of a 40-year-old passive homosexual based on an adaptative view of sexual behavior. Psychoanalytic Review 39:23-33.

[79] Feldman MP, MacCulloch M., Orford JF. (1971). Conclusions and speculations. In M. P. Feldman, & M. J. MacCulloch (Eds.), Homosexual behavior: Therapy and assessment (pp. 156-188). New York: Pergamon Press.

[80] van den Aardweg GJ. (1971). A brief theory of homosexuality. American Journal of Psychotherapy, 26:52-68.

[81] Birk L, Huddleston W, Miller E, Cohler B. (1971). Avoidance conditioning for homosexuality. Archives of General Psychiatry 25:314-323.

[82] Barlow DH, Agras WS. (1973). Fading to increase heterosexual responsiveness in homosexuals. Journal of Applied Behavior Analysis 6:355-366.

[83] McConaghy N, Barr RE. (1973). Classical, avoidance and backward conditioning treatments of homosexuality. The British Journal of Psychiatry 122:151-162.

- Davison 및 Wilson(1973)은 200여명의 행동치료가들을 대상을 설문조사하여, 이성애자로의 전환률이 평균 60%였다고 보고하였다.[84]
- Freeman 및 Meyer(1975)은 행동요법(behavioral approaches)으로서 18개월 추적상 78%에서 치료에 성공하였다고 하였다.[85]
- Pradhan, Ayyer, 및 Bagadia(1982)은 행동조절 기법(behavioral modification techniques)으로 13명 남자동성애자 중 8명에서 전환에 성공하였고, 6년 추적에서도 여전히 전환상태였다고 하였다.[86]
- Van den Aardweg(1986a, 1986b)는 인지치료(cognitive approaches)로서 1/3에서 전환에 성공하였다 하였다.[87]

---

84 Davison GC, Wilson GT. (1973). Attitudes of behavior therapists towards homosexuality. Behavior Therapy 45(5):686-696.
85 Freeman WM, Meyer RG. (1975). A behavioral alteration of sexual preferences in the human male. Behavior Therapy 6:206-212.
86 Pradhan PV, Ayyar KS, Bagadia VN. (1982). Homosexuality: Treatment by behavior modification. Indian Journal of Psychiatry 24:80-83.
87 van den Aardweg GJ. (1986a). Homosexuality and hope: A psychologist talks about treatment and change. Ann Arbor, MI: Servant Books.
van den Aardweg GJ. (1986b). On the origins and treatment of homosexuality: A psychoanalytic reinterpretation. New York: Praeger.

4
기타 행동치료적 방법

1. 자기주장훈련(assertive training) 및 사회기술훈련(social skill training)

동성애자들이 자신의 행동으로 인한 죄의식과 열등감, 또는 주변의 차별로 인한 위축감 들을 극복하기 위해 사용할 수 있는 기법이다.

2. Rational-Emotive Therapy(RET)

Albert Ellis는 이 기법으로 한명의 동성애자를 전환시킬 수 있었다. 3년 추적조사에서도 그는 여전한 이성애자로 있었다고하였다.[88] Shealy도 Rational-Emotive Therapy(RET)로서 성공례 1명 보고하였다.[89]

---

[88] Ellis A. (1959). A homosexual treated with rational therapy. Journal of Clinical Psychology 15(3). 338-343.
[89] Shealy AE. (1972). Combining behavior therapy and cognitive therapy in treating homosexuality. Psychotherapy: Theory, Research, and Practice 9:221-222.

3. 킨제이의 방법

1972년 킨제이는 자신이 동성애자로서 동성애를 정상적 변이로 간주하는 사람이다. 그러나 그는 그에게 도덕적인 지지를 받기 원하는 동성애자들 편이 아니었다. 심지어 그는 동성애자들을 대상으로 전환치료를 시도하기도 하였다. 그는 무슨 자격으로 어떤 방법을 사용하였는지는 모호하나, 80명 이상의 동성애자를 치료하여 만족스런 이성애적 적응상태로 바꾸었다고 한다.[90] 그는 동성애자들에게 시간을 가지고 이성애 경험을 쌓으라고 충고하였다고 한다. 그의 방법은 행동치료의 일종으로 보인다.

4. 마스터즈의 성치료(Sex Therapy)

1979년 마스터즈와 그 동료들은 동성애는 학습된 선호라고 주장하며, 자신들의 성치료 방법으로 90명의 동성애자들을 성공적으로 성치료하였다고 하였다. 그들의 성치료는 행동치료에 기초하고 있다. 그들은 6년간의 추적에서 28.4%의 "실패율"을 보였다고 한다.[91] 그들은 성공에 대한 기준이 모호하여 실패율을 보고하였다고 말한다. 비록 실패율은 성공률과 동일하지는 않지만, 그들의 성공률을 다른 방법과 비교하는 것은 가치가 있다.

5. 인지행동치료

이는 행동치료 기법을 인지치료와 통합한 기법이다. 나중 회복치료에서 보다 자세히 설명한다.

---

90 Pomeroy WB. (1972). Dr. Kinsey and the institute for sex research. New York: Harper and Row Publishers.

91 Schwartz MF, Masters WH. (1984). The Masters and Johnson treatment program for dissatisfied homosexual men. American Journal of Psychiatry 141:173-181.

IV
탈동성애 사역

1
성경적 근거

　기독교 신앙으로 동성애에서 벗어나는 것에 대해서는 이미 성경에 기술되고 있다. 고린도전서 6:9-11에, "불의한 자가 하나님의 나라를 유업으로 받지 못할 줄을 알지 못하느냐 미혹을 받지 말라 음란하는 자나 우상 숭배하는 자나 간음하는 자나 탐색하는 자나 남색하는 자나 도적이나 탐람하는 자나 술 취하는 자나 후욕하는 자나 토색하는 자들은 하나님의 나라를 유업으로 받지 못하리라 너희 중에 이와 같은 자들이 있더니 주 예수 그리스도의 이름과 우리 하나님의 성령 안에서 씻음과 거룩함과 의롭다 하심을 얻었느니라." 즉 고린도교회의 기독교인들 중에 동성애자가 있었으나, 이제는 그들이 의롭다 함을 얻었다는 것이다.

　성경에 의하면 하나님의 우리를 향한 요구는 대가가 있는 "제자의 도"(discipleship)이다. 이 제자의 길은 하나님 말씀에 순종함으로 우리의 성적 욕구를 만족시키고자 하는 욕망으로부터 우리를 해방시킨다. 동성애자의 경우 이 해방은 두가지 인데, 하나는 이성애자로 전환하는 것이며, 다른 하나는 순결의 기쁨과 거룩함을 택하여 죄 많은 인생 패턴(반복)의 굴레로부터의 해방이다.

2
탈동성애 운동

    기독교 신앙으로 동성애에서 벗어날 수 있다고 믿어, 이를 돕는 활동을 탈동성애 운동(ex-gay movement)이라 한다.[92] 탈동성애 운동은 사람들로 하여금 동성애 관계에 들어가지 않게 하고, 동성애적 욕망을 제거하고, 이성애적 욕망을 발달시키고, 이성애적 관계로 들어가도록 사람을 격려하는 활동이다. 탈동성애한 사람들은 동성애를 일상적 죄로 보며 구원이 가능하다고 믿는다. 탈동성애자들은 희망, 회복, 탈동성애 정

---

[92] Schaeffer KW, Nottebaum L, Smith P, Dech K, Krawczyk J. (1999). Religiously-motivated sexual orientation change: A follow up study. Journal of Psychology and Theology, 27(4):329-337.
Schaeffer KW, Hyde RA, Kroencke T, McCormick B, Nottebaum L. (2000). Religiously-motivated sexual orientation change. Journal of Psychology and Christianity 19:61-70.
Jones S, Yarhouse M. (2000). Homosexuality: The Use of Scientific Research in the Church's Moral Debate. Downers Grove: InterVarsity Press.
https://www.cccu.org/~/media/filefolder/2005-2007/Jones-Homosexuality_pdf.pdf
Jones SL, Yarhouse M. (2007). Ex-gays? A Longitudinal Study of Religiously Mediated Change in Sexual Orientation. Downers Grove, Ill.: IVP Academic. p. 333-344.
Dehlin JP, Galliher RV, Bradshaw WS, Hyde DC, Crowell KA. (2015). Sexual orientation change efforts among current or former LDS church members. J Couns Psychol 62(2):95-105. doi: 10.1037/cou0000011. Epub 2014 Mar 17.

체성 등을 성취하며, 회개하고, 하나님의 용서를 기대한다.

탈동성애 운동가들은, 이전에 동성애자 또는 양성애자였는데, 이제 동성애에서 벗어난, 동성 끌림을 제거한 또는 금욕하는 사람(ex-gay)들이다. 탈동성애자들은 주장한다: "전환을 위한 노력은 동성애 라이프스타일을 유지하는 것보다 덜 해롭다. 치료로서 전환을 하겠다는 기회를 박탈하는 것이 더 비윤리적이다"라고 주장한다.

한편 치료전문가들 중에도, 어떤 동성애자들은 전문적 도움 없이, 의지의 힘(will power), 깊은 종교적 경험, 또는 어떤 철학적 생각으로 동성애가 이성애로 변화할 수 있다고 믿는 사람도 있다. 따라서 현재는 이 사역에 공감하는 정신과의사, 임상심리사, 정신치료사, 상담가, 목회자 등 훈련받은 정신건강전문가들과 일반인들이 다 같이 협력하며 이 미션에 헌신하고 있다.

많은 연구들은 하나님 치유와 구원의 진리를 선포함으로 동성애 전환이 가능하다는 것을 증언하고 있다. 그 변화과정은 흔히 오래 걸리고 어려운 여정이지만, 그럼에도 불구하고 동기가 강한 사람에게는 탈동성애는 가능하다. 동성애 행동은 분명히 하나님으로부터 책망받을 일이지만, 하나님의 진리와 변화를 찾는 사람들에게는 받아들임과 희망이 있다.[93]

---

93 Riley M, Sargent B. (1995). Unwanted Harvest? B & H Pub Group

1. 역사

　탈동성애 운동은 복음주의 개신교에서 시작하였다. 이어 카톨릭교회, 모르몬교, 유대교에서도 탈동성애 운동이 결성되었다.

　1969년 게이 인권운동이 시작될 즈음, 복음주의의 지도자들이 동성애자들을 그리스도에게로 돌아오게 하는 비전에 대해 또는 동성애자들을 향한 목회적 접근에 대해 말하기 시작하였다. 그들은 타락 상태에 있기 때문에 목회적 케어(care)가 필요하다고 생각하였다.

　1973년 미국정신의학회가 1973년 동성애 정상화를 결정하였을 때, 세 사람의 동성애자들에 의해 Love In Action이 창설되었다.[94] 이 단체는 2012년 Restoration Path로 이름을 바꾸었다.

　1976년 몇몇 크리스천 동성애자들은 동성애자 케어보다 치유가 더 필요하다고 생각하게 되었다. 그리하여 동성애 욕망을 제한하기를 원하는 사람들을 돕고자 비슷한 조직들이 합쳐서 Exodus International이 결성되었다.[95] 창설자들은 동성애 전환치료가 가능하다고 생각하였다. 이는 1980-90년대에 급속히 발전하였다. 1983년 Exodus International 유럽 지부가 결성되었다. 2006년까지 Exodus International의 지부들이 미국과 카나다 각지에 250개 결성되었고, 세계적으로 17개국에 150개의 지부가 생겼다. 주로 개신교 내지 복음주의 기독교인들로 구성되었

---

94 Ex-Gay Movement (2020) https://clever-geek.imtqy.com/articles/1680867/index.html
95 Exodus International. Retrieved 2006-05-04.

다. 그 결과 이후 미국에서만 현재까지 약 70만명의 동성애자들이 전환치료를 받았다.

1980년 Pattison 등[96]은 11명의 동성애자들이 오순절 집회(Pentecostal fellowship)에 참여하는 동안 전환이 일어났는데, 그들 중 8명의 남자에서 행동과 내면(동성 환상 등)에서 동성애 정체성에서 감정적으로 분리되었다고 하였고, 3명에서 비록 노이로제적 갈등은 있었지만 기능적으로 이성애자가 되었다고 하였다. Pattison이 ex-gay란 용어를 처음 사용하였다.

1980년 Robert Kronemeyer가 기독교 신앙으로 동성애를 극복하는 것에 대한 글을 썼다.

1985년 New Direction Ministries가 캐나다에서 창설되었다. 이는 동성애자들에게 하나님의 사랑, 은총, 그리고 능력을 전하고, 가족과 교회를 지원한다.

1989년 말일성도예수그리스도 교회(the Church of Jesus Christ of Latter Day Saints. LDS 모르몬교회) 내에서 Evergreen International 이 창설되었다.

---

96 Pattison EM, Pattison ML. (1980). Ex-gays: Religiously mediated change in homosexuals. American Journal of Psychiatry 137:1553-1562.

1994년 5월 22일, 필라델피아에서 열린 미국정신의학회를 상대로, 처음으로, 동성애 옹호활동가(pro-gay activists)가 아닌, 탈동성애자들이 시위하였다. 그들의 주장은 그들의 동성애가 치유되었고, 다른 동성애자들도 치유될 수 있다는 것이었다.[97] 이런 시위는 2000년 Chicago 콘벤션에서도 반복되었다.[98] 2006년 뉴올리언즈 American Psychological Association Convention에서도 같은 시위가 있었다.[99]

2004년 Exodus International에서 the Exodus Global Alliance라는 국제적인 조직이 결성되었다.

2008년, 미국 정신의학회와 심리학회는 임상가들에게 내담자의 종교적 영적 가치를 존중하도록 그리고 내담자들이 자율성과 자기결정에 대한 권리가 있음을 옹호하도록 요청하였다.[100] 즉 미국에서는 종교의 자유가 있고 자신에게 맞는다고 생각하는 성을 행동할 권리가 있다. 그가 신앙을 따르기로 한다면 선택은 그의 권리인 것이다.

2012년 Exodus International의 회장인 Alan Chambers가 이 운동은 효과가 없고 동성애자들에게 해롭다는 것을 깨달았다고 선언하고

---

97 Davis M. (1994), Protesters blast APA's position. The Philadelphia Inquirer, May 22). p. B4.
98 Gorner P. (2000) Analysts drop gay therapy discussion reorientation efforts off meeting agenda. Chicago Tribune, May, 18. p. A1.
99 Foust M. (2006,). Ex-homosexuals protest APA's position on homosexuality. BP News. August 14, http://www.sbcbaptistpress.org/bpnews.asp?ID=23786
100 Resource Document on Religious/Spiritual Commitments and Psychiatric Practice, December 2006; American Psychological Association, "Answers to your questions: For a better understanding of sexual orientation and homosexuality." Washington, DC, 2008.

2013년 그동안 이 운동이 동성애자들에게 끼친 고통에 대해 사과하고 떠났다.[101] 이후 Chambers 부부는 Speak.Love 결성하여, 모든 사람들을 위한 성지남에 대한 대화를 지원한다고 하였다.

2013년 the Exodus Global Alliance는 해체상태에 들어간 Exoduis International과 결별하였다. 같은 해 해체된 Exodus International의 남은 활동가들이 the Restored Hope Network를 결성하여 이전의 사역을 지속하였다.

미국의 탈동성애 사역을 하는 기관들은 거의 모두 미국 복음주의 교회의 배경을 가지고 있고, 일부 카톨릭 교회, 몰몬교회, 그리고 유대교 배경을 가지고 있다. 카톨릭교회에서 가장 유명한 조직은 Courage International이다. 모르몬교에서는 Evergreen International ("Unfading")와 North Star가 있고, 유대교에는 Jews Offering New Alternatives for Healing(JONAH)가 있다. Joel 2:25 International은 카톨릭과 개신교 크리스천 모두를 위한다. OneByOne은 장로교 교인들을 위한 단체이다. The Changed Movement은 LGBTQ에서 떠나는 것을 돕는 침례교의 단체이다. 1990년에 결성된 NARTH도 회복치료라는 치료기법으로 탈동성애 운동과 연결되어 있다.

---

101 Snow J. (2013). 'Ex-gay' ministry apologizes to LGBT community, shuts down. MetroWeekly. June 24,

2. 유럽에서는 1975년 경 탈동성애 운동이 시작되었다.

1975년 동성애자 Johan van der Sluis가 기독교로 개종하면서 네델란드에서 goal de Hévangelische Hulp aan Homofielen, EHAHE(영어 evangelical Aid to Homosexuals)이 조직되었다. 2004년 이 조직은 the Foundation "Differences"(goal Stichting Different)가 되었고. 다시 Onze Weg(Our Way)가 되었다. 이후 Johan van der Sluis는 the Exodus of Europe의 회장이 되었다.

1977년 영국에서는 탈동성애자 Martin Hallett과 영국교회 목사 Canon Roy Barker이 True Freedom Trust를 결성하였다.

1980년대 탈동성애 운동이 북유럽으로 퍼져갔다. Sweden에서는 Swede.Medvandrarna이, Norway에서는 Til Helhet가, Denmark에서는 Basis가, Finland에서는 Aslan이 결성되었다.

1983년 영국의 심리학자 Elizabeth Moberly가 역시 기독교 신앙으로 동성애를 치유하는 것에 대한 책 『Homosexuality: A New Christian Ethic』을 썼다.

1990년 늦게 독일에서 Wuestenstrom이 결성되었다.

3. Transformation Ministries(TM)

2006년에, 성경의 권위에 대한 논쟁 때문에 Pacific Southwest가 미국 침례교회(ABC-USA)에서 분리되었는데, 그 Pacific Southwest의 200여개의 침례교회들에 의해 결성된 신앙운동이다. 미국 침례교회(ABC-USA)는 동성애에 대한 견해가 모호하였다. 그러나 TM은 동성애는 기독교의 가르침에 위배된다고 선언한다.[102]

4. Positive Alternatives to Homosexuality(PATHT)

이는 2003년에 탈동성애 운동 단체들이 연합한 조직이다.[103] 영원한 성경적 원리에 따른 전통적 가족적 가치를 믿는 비영리 전기독교적(ecumenical) 연합 단체이다. 주 목적은 건강한 섹슈얼리티와 전통적 가족 가치를 증진하는 것이다. 특히 동성애에 관해서는 타고난 이성애의 잠재력을 회복하고 발전시키거나, 독신 또는 금욕하는 삶을 옹호해 주는 것이다. 원하지 않은 동성 끌림을 갖는 사람이 "회복"을 위한 치료를 원할 경우, 치유 전문가에게 의뢰하는 일도 한다. 회복치료에 관련된 문헌들을 수집하고 소개하기도 한다. 동성애 옹로론자들은 역시 이 조직도 동성애에 대해 반평등을 추구한다고 비난한다. 현재 회원조직은 26개로 다음과 같다.

---

102 California's American Baptist Churches vote to sever ABC ties, UCC.https://www.ucc.org/californias-american/

103 https://www.allacronyms.com/PATH/Positive_Alternatives_to_Homosexuality
https://www.allacronyms.com/PATH/Positive_Alternatives_to_Homosexuality

- Addiction Recovery

- American College of Pediatricians

- Anglican Mainstream UK

- Brothers Road (Support for Men)

- Core (Northern Ireland)

- Courage (Roman Catholic)

- David Pickup (Therapist)

- Dawn Stefanowicz (Children with LGBT parents)

- Dr. Doug Wiess (Addiction Recovery)

- Es Posible la Esperanza (Spain)

- Ex-Gay Calling (Excellent Resources)

- Family Watch International

- German Institute for Youth and Society

- Help 4 Families (Gender Issues)

- Homosexuals Anonymous

- Institute For Healthy Families

- International Institute of Reorientation Therapies

- Joel 2:25 (Online support groups worldwide)

- North Star (LDS)

- Obiettivo Chiare (Italy)

- OneByOne (Presbyterian)

- PARAKALEO (U.K.)

- Parents and Friends of Ex-Gays and Gays (PFOX)

- Strong Support (UK) Muslim Community

- Transforming Congregations
- True Freedom Trust (UK)
- Voices of Change
- Witness Freedom Ministries (African-American)

특히 Parents and Friends of Ex-Gays and Gays(PFOX)는 탈동성애자들에 대한 차별에 반대하는 활동을 한다.

● 우리나라의 탈동성애 사역
- 홀리라이프 (Holylife)
- 아이미니스트리 (I Ministry)

3
근거, 목표 그리고 활동

탈동성애 사역은 기독교의 목회적 사역이며, 치료행위가 아니다. 정신치료가 필요할 때는 전문치료자에게 의뢰한다. 치료자는 탈동성애 사역자와 협력한다.

탈동성애의 기전으로는, ① 탈동성애의 문화적 규범과 언어를 취함으로, ② 신앙과 가치관과 관심사를 지지해주는 공동체를 발견함으로, ③ 새로운 세계관을 가지게 됨으로, ④ 자서전적 재구성에 의해, ⑤ 새로운 동성애에 대한 설명 모델을 발견함으로, ⑥ 강력한 대인관계의 형성함으로, 등등이 제시되고 있다.

전환이 어려우면 순결(chastity) 내지 금욕(celibacy)을 함으로 동성애에서 벗어나라는 주장도 있다.[104] 사도 바울은 자신이 독신인 것이 축

---
[104] Harris S (2009). Mental health, chastity and religious participation in a population of same-sex attracted men. Doctoral dissertation.

복이라 하였고 다른 사람에게도 권하였다. 마찬가지로 동성애와 싸우는 동성애자는 굳이 동성애를 바꾸려고 맹세할 필요 없이, 예수님이나 바울을 따라 독신으로 살면 된다고 말한다.

동성애 변화를 위한 활동을, 초창기에는 cure(치유)라고 정의했다. 창설 당시의 ex-gay라는 말은 성지남에서의 근본적 변화를 의미했다. 어떤 활동가는 동성애에서 벗어날 뿐 아니라 궁극적으로 이성 결혼을 해야 한다고 주장하였다. 그러나 전환은 쉽지 않다. 강한 동기, 힘든 노력 그리고 끈질김이 필요하다. 그러나 이보다 영적 성장과 말씀에 복종하는 것이 더 중요하다. 어쨌든 통계적 연구는 실제 전환은 가능하였다고 말한다.

현재는 치유라는 말보다 주로 "변화"(change)를 말하는데, 이는 동성애 행동의 금욕, 동성애 충동의 감소, 남성적 또는 여성적 정체성의 강화, 동성 또는 이성의 사람들과의 관계가 왜곡된 스타일을 교정함, 등 행동의 의미에서 완화하는 것이다.[105]

1. 선택(choice)과 의지(will)

탈동성애 사역은 기독교적 원리 이외, 심리학적으로 선택과 의지에 대한 주장에 기초한다. 즉 인간은 기계적인 동물과 달리, 의지(will)라는

---

[105] Exodus International. What's your "success rate" in changing gays into straights?. https://web.archive.org/web/20060628162102/http://www.exodus.to/content/view/43/87/

덕목이 있다. 인간은 자기 의지의 힘(Power of Self-Will)으로, 동성 성애를 할 수도 있고, 그만 둘 수도 있고 바꾸기로 선택할 수 있다. 동성애가 유전되거나 선천적이라 하더라도 인간은, 자연 상태의 동물과 달리, 인간 정신 즉 이성, 신념, 가치관, 의지, 신앙으로, 또는 교육과 학습, 사회 환경의 통제 등을 통해, 태어나서 죽을 때까지 지속되는 뇌와 인간발달 과정에서, 동성애를 예방하거나 성지남을 바꿀 수 있다 본다. 실제로 많은 동성애자들은 가끔 또는 자주 이성과 성관계를 갖기도 하고 금욕하기도 한다. 즉 유동적(fluid)이다,

동성애가 선택이라는 생각의 배경은 다음과 같다: 여러 과학적 연구들을 종합할 때, 동성애는 선천적이지 않은데다, 전환치료로 전환될 수 있다는 증거들이 많다. 정신분석적으로도 동성애는 내면의 갈등을 해결하기 위해, 무의식적으로 동성애라는 노이로제적 행동방식을 선택했다고 볼 수 있다.

이제 동성애자들 중에서도, 동성애가 타고난다기 보다 자신의 선택의 결과라는 주장이 나타나고 있다.[106] 이성애자가 어떤 정치적 목적을 위해 동성애자로서의 정체성을 표방하기도 한다.[107]

---

106 Witchel A. Life After 'Sex,'" The New York Times Magazine, January 19, 2012, http://www.nytimes.com/2012/01/22/magazine/cynthia-nixon-wit.html.
  Ambrosino BI. Wasn't Born This Way. I Choose to Be Gay. The New Republic, January 28, 2014. tps://newrepublic.com/article/116378/macklemores-same-love-sends-wrong-message-about-being-gay.
107 http://women.timesonline.co.uk/tol/life_and_style/women/relationships/article2002552.

2. 탈동성애 사역자들의 활동

기독교 신앙에 입각하여, 하나님은 동성애를 싫어하시지만 정직하게 하나님의 진리와 변화을 추구하면 받아주시고, 희망을 주시고 격려하신다는 확신에 근거하여, "타협없는 사랑"(compassion without compromise)으로 동성애자들에게 닥아가, 탈동성애를 격려하고 가이드하는 것이다. 사역자들은 성경말씀에 따라, 금욕, 유혹을 줄임, 남성성 또는 여성성의 정체성을 강화함, 이성 또는 동성과의 관계맺음에 있어 왜곡된 스타일을 교정함 등에 있어 동기, 용기, 인내, 노력, 영적 성장, 등을 지원한다.

동성애자들을 이성애자로 변화시키기 위해 (치유) 과정을 주선한다. 공공의 인식이나 정책에 영향을 주기 위해 동성애를 반대하는 개인이나 조직들과 협력한다. 또한 탈동성애 운동의 지도자들은 동성애 문화와 정치적 담론에서 탈동성애의 정당한 대변자로 활동한다. 나아가 동성애는 정신장애가 아니라는 미국심리학회의 오랜 입장에 반대하여 성지남을 바꾸는 치료적 시도를 옹호한다.[108]

3. 기독 상담(Christian Counseling)

크리스천으로서 개인적으로 동성애자의 전환을 돕는 정신강전문가 자격을 갖춘 기독상담가들이 있다. 그들의 기독상담은 기독교 세계관에

---

108 Drescher J, Zucker K. (2006). Ex-Gay Research: Analyzing the Spitzer Study and Its Relation to Science, Religion, Politics, and Culture. New York: Harrington Park Press. ISBN 9781560235569.

기초하여 전통적 정신치료(talk therapy)의 기법들과 기독교 신앙과 신학적 개념들 및 기도와 성경 말씀 등등을 통합한 상담이다. 성직자 같은 영적 지도자들도 크리스천 상담을 할 수 있다.

크리스천 상담에서의 기법에는 상담가의 교육훈련 배경에 따라 다양하지만, 대개 인지행동치료 기법이 주로 많이 사용된다. 이 경우 Religious Cognitive Behavioral Therapy(RCBT)라 한다. 묵상(명상)도 사용될 수 있다.[109] 기독상담가는 타종교인이거나 비기독교인인 내담자도, 동의된 관계적 경계 내에서 인격의 성장과 삶의 어떤 측면에 대해서도 상담할 수 있다.

동성애자에 대한 기독상담은, 학술단체들이 주장하는 동성애의 원인론에 상관하지 않는다. 그러나 그들이 동성애는 전환될 수 없다는 주장에는 동의하지 않는다. 동성애는 타고나는다는 증거는 없으며 따라서 영구적이 아니라는 것을 안다. 기독 상담가들은 동성애는 신학적으로는 타락의 표현이며, 구원받아야 할 필요가 있는 죄라는 것을 받아들인다.

전환을 돕는 기독상담가는, 우선 오랜 익숙해진 유일한 라이프스타일이었던 동성애에서 떠나는 것은 몹시 고통스러운 일이라는 것을 이해한다. 이는 알콜 중독이나 마약중독에서 벗어나는 것 만큼 쉽지 않고 고통이 따른다. 그러나 동성애자는 동성애가 중독장애처럼 조만간 몸과

---

109 Strong SR. (1980). Christian Counseling with Homosexuals. J Psychol Theol 8(4): https://doi.org/10.1177/009164718000800401

마음에 병이 들어온다는 것을 알게 된다. 동성애자는 동성애 라이프스타일 때문에 가족과도 멀어지고 하나님과도 멀어졌음을 인정해야 한다. 그리고 점차 성병들과 에이즈에 고통을 받으며, 정신건강도 황폐해진다. 이제 그대로 동성애자로 살것인가 떠나야 할 것인가를 선택해야 한다. 내면의 목소리에 귀를 기울이면 양심은 이제 동성애에서 떠나라고 말할 것이다.

인간은 동성애자들을 심판할 수 없다. 그러나 하나님은 심판하실 것이다. 크리스천이라면 그 양심은 끊임없이 동성애에서 떠나라고 할 것이다. 두려워도 떠나면 하나님께서 힘을 주시고 새 땅으로 동행해 주실 것이다.

기독상담은 동성애자가 하나님의 동성애자를 향한 사랑을 받아들이는 것을 도와주는 것으로 시작한다. 내담자가 하나님의 사랑을 받아들이면 변화가 시작된다. 성령의 권능을 믿는 믿음과 더불어, 인지적, 행동적 그리고 영적 기법들을 통해 내담자는 체계적으로 분노에서 해방되며, 이성애에 대한 혐오가 없어지고, 이성애 라이프스타일을 발달시키게 된다.

기독상담가는 탈동성애 사역과 동역한다. 내담자에게 탈동성애 사역이나 HA 활동에 참여하라고 권고한다.

4. 탈동성애 동맹(Homosexuals Anonymous, HA)

이는 동성애에 벗어난 사람들이 특정 문제나 특정 위기에 대응하기 위해 스스로를 돕는 자조집단(自助集團 self-help group)이다.[110] 탈동성애 한 사람들이 서로 도와 동성애의 재발을 예방하는 활동이다. 서로 받아주고, 상호 지지하며, 경험을 나누고, 서로 교육하고, 소외로부터 벗어나게 돕는다. 따라서 구성원 간 결속을 강조한다. 이는, 크리스천이 주도하고 있으며, 크리스천이 되려면 동성애를 포기해야 한다고 주장한다. 이미 다른 선구자적인 조직들이 있었으니, 대표적인 예가 단주동맹(alcoholics anonymous; AA), 단도박동맹(gamblers anonymous; GA), 과식동맹(over-eaters anonymous: OA) 등이다. AA에서는 교범으로 '12단계'를 사용하는데, HA에서는 14단계 프로그램을 사용한다. HA가 효과가 있다는 주장이 있다.[111] 그러나 최근에 이르러 AA 등 자조동맹의 활동은 점차 신앙을 잃고 있고, 동기도 줄어듦에 따라 전반적으로 쇠퇴하고 있다.

---

110 Homosexuals Anonymous Fellowship Services. http://www.ha-fs.org/
111 Jones S, Yarhouse MA. (2000). Homosexuality: the Use of Scientific Research in the Church's Moral Debate. InterVarsity Press.

4
사역의 효과

 탈동성애 사역의 성과는 다양하게 보고되고 있다.[112] 그러나 단독으로 기독교 탈동성애 사역 자체의 효과를 연구한 임상적 논문은 보기 드물다. 다른 SOCE들과 섞여 조사되고 있기 때문이다.

 1992년 Mesmer[113]는 ex-gay ministries에 참여한 100명 이상의 동성애자들이 동성애에서 떠났고, 그들 중 41%가 완전한 전환을 하였다고 하였다.

 2000년 Schaeffer 등[114]은 1993-1995년 사이 Exodus International Annual Conference에 참여한 248명의 남녀 동성애자들을 조사하며,

---

112 Ex-Gay Movement. https://www.christianitytoday.com/ct/topics/e/ex-gay-movement/
113 Mesmer R. (1992). Homosexuals who change lifestyles. The Journal of Christian Healing 14:12-18.
114 Schaeffer KW, Nottebaum L, Smith P, Dech K, Krawczyk J. (1999). Religiously-motivated sexual orientation change: A follow up study. Journal of Psychology and Theology 27(4):329-337.

통계적으로 유의한 변화를 보고하였다. 140명의 원래 참여자에 대한 추적연구에서 남자의 61%, 여자의 71%가 지난 1년간 동성애 접촉에서 금욕하고 있었고, 29%가 성지남의 변화가 킨제이척도에서 0으로-즉 전적인 이성애로- 변화가 있었고, 65%에서 변화하는 과정 중에 있다고 하였다. 이성 결혼에 성공한 7명의 동성애자들과 면담하고, 자연 전환의 요인 9개를 확인하였다. 그 중에는 동성애의 원인과 동성끌림의 함의에 대한 새로운 해석적 틀(a new interpretive framework)을 가진다는 것과 그들 자신이 더 이상 게이 정체성을 가지지 않는다는 것 등이 있었다.

Christian Wheaton College의 교수인 Stanton L. Jones 및 Mark A. Yarhouse는 탈동성애 사역 집회에 참석한 (원래 98명 중 탈락하고 남은) 73명의 동성애자를 조사한 결과, 15%가 성공적으로 이성애자로 전환하였고, 23%가 동성끌림이 간헐적이 되었다고 하였고, 29%가 동성끌림이 상당히 감소하였다고 하였고, 27%에서 유의한 변화가 없었다 하였고, 12%에서 전환치료를 포기하였다고 하였고, 8%가 동성애자로 남았다고 하였다. 그리고 동성애 전환을 위한 어떤 시도도 해로움을 끼치지 않았다고 하였다.[115]

2012년 Stanton L. Jones는 두 APA의 주장과는 반대로, 원치않는 동성애에 대한 유능한 종교적인 상담은 본래적으로 해롭지 않다고 주장하였다.[116] (이제 그들은 보수적 종교적 담론에 대한 영향을 고려하여, 게이

---

115 Jones SL, Yarhouse MA. (2007). Ex-Gays?: A Longitudinal Study of Religiously Mediated Change In Sexual Orientation. Intervarsity Press Academic. https://web.archive.org/web/20070927001725/http://www.ivpress.com/media/exgays-whitepaper.pdf

라는 말 대신 동성-끌림(same-sex attraction)이라는 용어를 사용한다)

1. 동성애자들의 비판

동성애자들과 그 옹호론자들의 탈동성애 사역에 대한 비판도 맹렬하다.[117] 그들은 탈동성애 사역을 유사과학(pseudo-science)이라 비난하고, 효과가 있다는 주장에 대해 거짓 논문이라 비판한다. (동성애 옹호론자들은 정신분석, 상담이론, 신앙치유 등을 모두 유사과학이라 비판한다) 탈동성애운동의 선택이론을 반대하는 일차적 근거는 미국의 정신의학회가 결정한 "동성애 정상화"(normalization)이다. 그 결정은 과학적 근거에 의해서가 아니라 동성애자들의 폭력적 시위 때문이었다. 실제로는 동성애는 자연적으로 변화하기도 하고 전환치료가 되기도 하며, 신앙으로 치유되기도 한다는 증거가 있다.

동성애 옹호론자들은 적극적 인지적 및 감정적 대응을 위해 또는 성지남정체성 탐구와 재건을 위해 탈동성애 운동에 참여하는 동성애자들의 동기도 왜곡하여 해석한다.[118] 즉 그들은 단순히 사회적 지지를 얻기

---

116 Jones SL. (2012), Sexual Orientation and Reason: On the Implications of False Beliefs about Homosexuality," digitally published at www.christianethics.org and Stanton L. Jones and Mark A. Yarhouse, op. cit.

117 Haldeman DC. (1999). The Pseudo-science of Sexual Orientation Conversion Therapy. Angles: The Policy Journal of the Institute for Gay and Lesbian Strategic Studies 4(1):1-4. https://web.archive.org/web/20180107155046/http://drdoughaldeman.com/doc/Pseudo-Science.pdf
American Psychiatric Association (May 2000). Position Statement on Therapies Focused on Attempts to Change Sexual Orientation (Reparative or Conversion Therapies). American Psychiatric Association.
https://web.archive.org/web/20110407082738/http://www.psych.org/Departments/EDU/Library/APAOfficialDocumentsandRelated/PositionStatements/200001.aspx

위해, 보수적 교회나 가족들로부터 피난하기 위해, 게이공동체로부터 축출되었기 때문에 등의 동기도 있다고 한다. HA에 관해서는, 그에 참여하였던 한 사람은 수년간 HA에 참여했어도 전혀 변화가 없었다고 비판하였다.[119]

크리스천 중에도 동성애에 대한 성경의 가르침은 모호하다고 주장하며, 현대 보수주의 기독교가 동성애자들을 너무 가혹하게 대한다고 비판하고, 동성애자들을 용납하고 품을 것을 주장하기도 한다.[120] 심지어 한동안 탈동성애 활동하다가 떠난 어떤 크리스천 학자[121]는, 동성애 정체성은 변할 수 있지만(유동성), 범주적 전환은 드물다고 하며, 성지남에서의 "변화"란 더 큰 평화, 만족, 성취를 추구하는 것이라면, 동성애를 계속하면서 수치심이나 우울함을 줄이는 것도 탈동성애 운동의 목표가 될 수 있다고 말하는데, 이는 동성애를 확인(affirmation)해 주는 것과 다름없어, 타협한 결과로 보인다.

---

118 Ponticelli CM. (1999). Crafting stories of sexual identity reconstruction. Social Psychology Quarterly 62(2):157-172. doi:10.2307/2695855.
119 Besen WR. (2003). Undercover".Anything but Straight: Unmasking the Scandals and Lies Behind the Ex-Gay Myth. Routledge.
120 Wink W. (1999). Homosexuality and Christian Faith. Mineapolis, Ausburg Fortress Press (한성수 옮김 동성애와 기독교 신앙., 무지개신학연구소)
121 Throckmorton W, Pattison ML. (2002). Initial empirical and clinical findings concerning the change process for ex-gays. Professional Psychology: Research and Practice. American Psychological Association. 33(3):242-248. doi:10.1037/0735-7028.33.3.242.

V
회복치료

1
회복치료의 발달 과정

동성애가 정상화된 이후, 전환이라는 용어가 동성애자들에 의해 공격받고 있음에 대응하기 위한 한 방법으로 1991년 "회복치료"(reparative therapy)라고 부르는 새로운 이름의 정신치료가 소개되었다.[122] 이는 니콜로지(Joseph Nicolosi 1947-2017)가 제시한 치료법이다. 니콜로지는 Thomas Aquinas Psychological Clinic의 창설자 및 소장이었다.

동성애 회복치료는 동성애적 욕구를 극복하고 이성애적 욕구로 대치하도록 돕는 것이다.[123] "변화치료"(Change therapy) 또는 "재지남치료"(reorientation therapy)라고도 한다. 회복치료는 정신치료를 통해 과거의 상처를 상징적으로(symbolically) 회복(수리)함으로 다시 재지남

---

[122] Nicolosi J. (1991). Reparative Therapy of Male Homosexuality: A New Clinical Approach. Northvale, N.J.: Jason Aronson.

[123] Nicolosi J. (2016). What Is Reparative Therapy? Examining the Controversy. https://www.josephnicolosi.com/what-is-reparative-therapy-exa/

하고자 하는 것이다. 즉 인간은 원래 디자인된 대로 기능해야 한다는 것이다. 게이의 본래의 깊은 마음은 이성애로 본다. 단지 동성 끌림 때문에 오랫동안 내적 남성적 에너지를 다른 남자와의 성화(sexualizing)와 로맨틱화(romanticizing)에 사용해 왔다고 본다. 그리하여 진정한 자기가 되지 못하고 있으므로, 그 억눌려 있는 이성애를 회복시켜야 하는 것이다.

Nicolosi 등[124]은 동성애-젠더 연구를 통해 새로운 인간관, 근원적인 인간 이해(original anthropological understanding)의 진리을 갖게 되었다고 고백한다. 회복치료를 인정해 주는 정신분석가로 Charles Socarides가 있고, 심리학자로는 전 미국심리학회 회장이었던 Nicholas Cummings와 Robert Perloff 등이 있다.

1. 배경

1973년 동성애가 미국정신의학회에서 정상화될 즈음, 정신과의사들 사이에 정신치료나 정신분석에 대한 흥미가 줄어들기 시작하였다. 그 이유는 당시 왕성하게 발전하고 있던 뇌과학과 약물치료 때문이었다. 이를 전체적으로 생물정신의학(biological psychiatry)이라 한다. 특히 약물치료의 발전은 눈부셨다. 정신과의사들은, 수련기간도 길고, 실제 치료시간도 긴 정신치료를 기피하고, 빠른 효과를 보는 약물치료쪽으로

---

[124] Nicolosi J, Byrd AD, Potts RW (2000). Retrospective self-reports of changes in homosexual orientation: A consumer survey of conversion therapy clients. Psycholl Rep 86:1071-1088.

움직여 갔다.

반면 심리학은 고전적 아카데믹한 심리학에서 임상심리학으로 그 중심이 옮겨 갔다. 그들은 단순히 심리검사를 하던 업무에서 정신치료(상담)를 하기 시작하였다. 그리고 그들의 상담기법을 개발하였다. 처음에는 행동요법이 등장하였고, 다음 인지행동요법이 등장하였다. 이젠 인지행동요법은 정신의학에서도 널리 사용된다.

회복치료는 고전적 정신분석적 역동치료 방법에 인지행동요법과 신앙적 방법을 통합한 기법이라 할 수 있다. 일부 기독교 상담가들이 회복치료가 비기독교적이라 비판하는 것에 대해, Houston Baptist University의 신약학 교수인 Robert Gagnon[125]은 말하기를 회복치료는, 인생에 대한 완벽한 대답은 아니더라도, 기독교 신앙을 돕는 한 특화된 형태의 사역으로, 기독교회가 포용해야 한다고 하였다. 그러나 그는 회복치료가, 예수 그리스도 안에서 회개하는 신앙에 기초한 성경적 상담을 대신하는 것이 아니라고 하였다.[126] 그는 회복치료는, 성적 끌림을 바꾸는데 있다기보다, 창조주께서 주신 진정한 성적 정체성과 자신만의 성 정체성 사이의 괴리를 교정하는데 도움을 주고자 하는 치료라고 옹호한다.

---

[125] Gagnon R. (2015). Why Christians Should Not Throw Reparative Therapy under the Bus? Presented at the 67th Annual Meeting of the Evangelical Theological Society with the theme, Marriage and the Family - November 17-19, 2015, in Atlanta, GA.
http://www.josephnicolosi.com/collection/robert-a-j-gagnon

[126] Gagnon R. (2015). Why Christians Should Not Throw Reparative Therapy under the Bus? Presented at the 67th Annual Meeting of the Evangelical Theological Society with the theme, Marriage and the Family - November 17-19, 2015, in Atlanta, GA.
http://www.josephnicolosi.com/collection/robert-a-j-gagnon

1973년 동성애가 정상화되면서 전환치료가 부인되는 분위기 속에서, 1980년대 기독교계에서 탈동성애 사역이 등장하였고, 이를 기법적으로 보완하는 의미에서 1990년대 회복치료라는 기법이 등장하였다. 기독교 탈동성애 사역 조직인 Exodus International은 회복치료를 "원치않는 동성 끌림"을 제거하는데 효과적인 치료방법으로 생각하며, NARTH 창설 당시부터 밀접하게 협력하고 있다. 회복치료 비판가들은 회복치료가 아예 기독교와 관련된 치료법이라 정의하고 있다.

2. NARTH(National Assocation for Research & Therapy of Homosexuality)

회복치료는 NARTH가 제안하고 교육하고 증진하는 전환치료의 하나이다. NARTH는 동성애를 정상화한 미국정신의학회의 결정에 반발하던 미국의 정신과의사들, 정신분석가들 그리고 임상심리학자들이 동성애 전환을 시도하는 치료를 계속하면서, 전환치료를 연구하고 교육하는 하나의 정신건강조직으로 결성한 조직이다. NARTH는 1992년 임상심리학자 Joseph Nicolosi, 정신과의사 Benjamin Kaufman, 정신분석가 Charles Socarides 등의 주도로 창설되었다.

이들은, 동성애를 바꾸고자 원하는 동성애자들이 존재하며, 이들을 도와야 한다고 주장하였다.[127] 즉 NARTH는 "원치 않은 동성애", 즉 소위 자아-이질적 성지남(ego-dystonic sexual orientation)으로 고통 받

---

[127] Online at: http://www.narth.com/

고 있는 동성애자를 이성애자로 성공적으로 바꾸는 치료에 대해 연구하고 실행하는 것을 취지로 설립되었다.

NARTH는 미국 정신의학회 또는 미국 심리학회가 전환치료가 효과가 없고 해롭기까지 하다는 주장에 대해 광범위한 문헌고찰과 자신들의 경험을 근거로 회복치료를 강력하게 옹호하고 있다.[128]

3. ATCSI

Exodus International North America가 내분으로 2013년 문을 닫으면서, 2016년 the Alliance for Therapeutic Choice and Scientific Integrity(ATCSI) 이라는 기구가 새로이 결성되었는데. 이는 "치료적 선택과 과학적 통합을 위한 연맹"이라는 의미이다. NARTH는 그 산하기관이 되었다.

ATCSI 미션은 다음과 같다: ATCSI는 다학제적 전문적 및 과학적 조직으로, ① 개인의 가치관을 존중해 주는 치료자의 서비스를 얻는 개인의 권리를 보전하는 것, ② 사회과학 연구에 있어 통합과 객관성을 옹호하는 것, ③ 원치 않는 동성애 끌림를 경험하고 있는 개인에게 유능하고 자격을 갖춘 전문가의 도움이 전해질 수 있도록 확고히 하는 것 등에 헌신한다.

---

128 James E. Phelan, Neil Whitehead, Philip M. Sutton, "What Research Shows: NARTH's Response to the APA Claims on Homosexuality," Journal of Human Sexuality Vol. 1 (National Association for Research and Therapy of Homosexuality, 2009), pp. 23, 30.

이 조직의 동료와 지지자들은, 공유된 조직적 헌신으로 연합한, 정신건강 및 의학과 과학의 여러 학술분야의 개업전문가, 학자, 연구자, 그리고 교육, 목회. 법률 및 지역사회 지도자들, 일반인들을 포함한다. 현재 전세계적으로 1,000명 이상의 회원들이 있다.

2
동성애 원인론

니콜로지는 1980년대부터 게이를 수백명 치료하였다고 하며, 나름 동성애의 원인에 대한 하나의 이론을 제시하고 있다.[129] 그는 동성애 치료에 있어 남자동성애에 대해 프로이트가 말한 정신성적 발달의 중단(a form of arrested psychosexual development) 이론을 기초로 한, 그리고 기타 심리학적 이론들을 종합한 이론을 제시하고 있다. 그는 1990년대 큰 사회적 관심을 끌었던 동성애의 유전설, 뇌구조 가설, 호르몬 가설, 타고나는 감정적 예민성(inborn emotional sensitivity, neuroticism) 등은 정신장애의 소인(predisposing factors)[130]에 해당할 수 있다고 보

---

[129] Nicolosi J, (1991). Reparative Therapy of Male Homosexuality, Northvale, N.J.: Jason Aronson.
Nicolosi J, (1993). Healing Homosexuality: Case Stories of Reparative Therapy. N.J.: Jason Aronson.
Nicolosi J. (1993). Treatment of the Non-Gay Homosexual Man," Journal of Pastoral Counseling, Vol. XXVIII, p. 76-82.
Nicolosi J. (2009). Shame and Attachment Loss, The Practical Work of Reparative Therapy. Downers Grove, Ill.: InterVarsity Press, pp. 23-26.
Nicolosi J, Byrd D, Potts RW. (2002). A Meta-Analytic Review of Treatment of Homosexuality, Psychological Reports.

았다. 그는 동성애를 생물학적 자연을 거스르는 것일 뿐 아니라, 전 인격적 반격(repercussion)이라 하였다.

1. 젠더 외상(gender trauma)

그는 주로 남자동성애(게이)의 원인에 대해 집중적으로 이론을 발표하였다. 그는 수백명의 게이를 치료하는 동안 그들이 젠더 트라우마를 가지고 있음을 발견하였다고 말한다.[131] 젠더 외상은 ① 자신 스스로의 젠더(성)에 대한 갈등에 의할 수도 있고, ② 어려서 부모로부터 받을 수 있고, ③ 나이든 게이와 동성 성관계를 한 경험에서 생길 수 있고, ④ 또래들의 따돌림이나, 동성의 사람들로부터의 소외와 배척받는다는 느낌에 의해서도 받을 수 있다.

젠더외상 이론에 의하면, 소년이 어려서 젠더 트라우마(상처)를 받음으로 인해, 정상적 젠더 정체성 발달과정이 방해받게 되면서 동성애가 생겨난다. 그런 트라우마 때문에 소년은 남성적 본성으로부터 소외되어 하나의 "심리적 장애"(psychological disorder)가 나타난다. 동성애는 이 젠더외상을 "자가 수리"(self-repair)하려는 무의식적 시도의 결과 생겨난다. 즉 동성애는 생래적인 남성성으로부터 자신을 소외하게 만든 트라우마(상처)를 회복시키려는 시도이다. 다른 사람들이 자신을 거부한

---

130 정신의학은, 정신장애는 소인을 가진 사람이 스트레스를 받으면 정신장애가 발생한다고 본다. 소인은 성(남사임, 여사임), 나이, 유전적 싱향(체질, 기질 등), 어린 시절의 경험 등을 말히디. 스트레스는 살면서 받는 각종 자극을 의미한다.
131 Nicolosi J. (2016). What Is Reparative Therapy? Examining the Controversy. https://www.josephnicolosi.com/what-is-reparative-therapy-exa/

다는 느낌(지각된 거부)으로 인해 젠더정체성의 결핍이 초래되고, 개인의 젠더로부터의 소외되어, 그 결과, 동성의 부모와의 불완전한 결합과 그 결과인 동성 부모와의 동일시(indetification with same-sex parent)가 일어나, 최종적으로 동성애가 발생한다. 즉 동성애는 젠더트라우마에 대한 하나의 적응이자 증상(a symptom of gender trauma)이다. (이는 프로이트의 미숙성 이론과 비슷하다.)

2. 부모와의 관계

니콜리지의 설명에 의하면, 동성애와 관련된 기본적 갈등은, 동성 부모로부터 사랑과 인정을 원하지만, 부모의 자식에 대한 태도는 무관심이나 학대로 인식되어, 소아는 좌절되고 분노한다. 따라서 동성애 원인은 여성과의 특수한 관계 때문이다. 그 원인은 게이가 어릴 때 부모자식간의 고전적 삼각관계(the classic triadic relationship)에서 시작된다. (앞서 말한 Bieber의 연구결과와 일치하는 이론이다) 특히 동성애로 이끄는 소아기 경험 중에, "힘"을 뺏는 어머니 때문에 장차 이성에게 매력을 못느끼게 되고 여성과의 부정적 경험을 하게 된다.

어머니와의 관계 - 게이의 어머니는 대체로 말 잘 듣는 착한 아들을 원한다. 장차 동성애자가 될 소년은 어머니를 기쁘게하기 위해 착한 아들의 이미지를 보여주려 "아첨"한다. 그는 어머니에게 반항함으로 받게 될 징벌로부터 자신을 보호하기 위해 자신의 진실한 모습을 감추게 된다. 그리고 집 바깥에서도 착한 어린아이가 된다. 그러나 내면적으로는 진정으로 자신이 원하는 바와 자신의 정체성 사이에서 혼돈에 빠진다.

어머니는 침범적이고 과도하게 친밀하여, 아들의 장차 이성애의 발달을 방해할 수 있다. 그런 예에는 다음과 같은 것들이 있다 :

- 10세되는 아들에게 장난처럼 유방을 꺼내 젖을 물라고 하는 것
  이런 기억은 이성애적 흥분을 차단한다. 그때까지 잊고 있던 근친간적 느낌으로 두려움의 경고가 작동하기 때문이다.

- 산파인 어머니가 7세된 아들을 데리고 가, 출산시 피흐르는 여성 성기를 목격 하게 하는 것
  그 소년은 소리 지르면서 뛰어 나왔다고 하며, 그 장면은 이후 잊을 수 없었고, 여성의 몸에 대해 혐오하게 되었다고 한다,

- 13세 소년이 여자 친구에게 어떻게 대할지 불안하다고 했을 때 어머니가 자신과 키스를 연습하자고 하였음,
  그 어머니는 모자관계의 경계(boundary)를 전적으로 허문 것이다. 그 소년은 이후 "안전한" 동성애로 나아갔다.

- 모자가 같이 목욕하는 것
  어머니의 의도는 인체에 대해 익숙하도록 하는 것일 수 있으나, 실제로 어머니의 나체를 보는 것은 소년을 혐오와 불안에 휩싸이게 한다.

- 어머니가 나이 든 아들을 애무하고 껴안음
  이후 여성의 몸은 이성애 남자의 경우처럼 신비스런 매력이 아니라

두려움의 대상이 된다.

- 에로틱한 방식으로 아들과 희희덕거리는 어머니
  이는 어머니 자신의 욕구 때문에 또는 부주의한 순진성 때문에, 자기애적 만족을 위해 아들을 장난감 취급하는 행동으로 아들의 위엄을 인식하지 못하는 것이다.

그런 소년이 자라 성인이 되어 여성과 친밀한 관계를 맺으려 할 때, 어려서의 어머니와의 관계로 인한 위장 메카니즘이 재가동되기 마련이어서 "거짓 자아"를 보여주게 된다. 게이가 여성에게 접근하려 할 때 드러나는 "거짓 자아"의 모습에는 다음과 같은 것이 있다. ① 수동적으로 순응한다(The passive-compliant), ② 연극적으로 여자를 기쁘게 하려 한다(The theatrical entertainer), ③ 동정적인 상담가(The empathic counselor)가 된다. 즉 과하게 공감하고 위로하고 조언하고 도와주려 한다. 장차 동성애자가 될 소년은 예민한 아이로서 평균보다 더 감정적 상처를 받기 쉽다.

정상적인 어머니라면 아들과의 관계에서 사려깊게 건강한 신체적 감정적 이성애로 발달하도록 인도해야 한다. 남자에게는 여성성은 항상 신비스러워야 하며, 자신과는 다른 존재로 알고 있어야 한다. 남자가 보기에 여자의 행동이 자신을 강제로 침범하고 통제하거나, 과잉친밀함으로 근친간의 위험을 암시하는 것이 아니어야 한다.

아버지와의 관계 - 대개 단절되어 있다. 소년이 보기에 아버지는 문제

있는 어머니로부터 아들을 보호하지 못하기 때문에, 소년은 자기를 보호하고 구출할 걸출한 다른 남자를 바란다. 그는 나이 들면서 그런 남성을 로맨틱화(romanticize) 한다.

게이는 흔히 말하기를 자신은 어려서 어머니와 가까웠고, 아버지와는 관계가 멀었다고 한다. 이러한 상황에서 소년은 남성성(the masculine)과 여성성(the feminine)과의 관계에서 자신에 대한 느낌이나 생각(sense of self)이 왜곡되기 쉽다. 소년에게 아버지는 모를 사람 내지 신비한 존재로 남게 되고, 어머니는 너무 잘 아는 사람이 된다. 따라서 동성애 남자는 여성에 대해 너무 예민하고 감정적으로 너무 과도하게 관여한다. 소년이 어머니와 가깝게 되고 아버지를 멀리하면, 소년은 그런 역할 때문에 아첨해야 하며, 그 결과 소년은 사랑과 분노를 느끼게 된다. 그 결과는 "경모하는 경멸"(adoring contempt)로서 여성은 너무 잘 아는, 지루하게 느껴지고 흥미 없는 약한 상대, 쉽게 정복되는 존재로 느껴진다. 반면 아버지는 신비한 접근할 수 없는 먼 사람이 되고, 그리하여 아들은 그런 남자를 "합병"(incorporate)하고 정복하기를 원하게 된다.

3. 소아기 동성애 성폭행

니콜리지가 보기에, 다수 게이가 어려서 나이든 동성애 남자에게 성폭력을 당한 피해자였다. 소년은 젠더 상처를 입은 것이다. 그는 그 젠더 상처를 수리하려는 하나의 증상적 시도(a symptomatic attempt)로서 동성애 행동을 한다. 즉 동성애에서 섹슈얼리티는 다른 남자를 "합병"(incorporate), "받아들임"(take in) 또는 "극복"(master)하려는 시도이다. 사랑이라기보다 공격적으로 타인을 상징적으로 소유하려는 것이다. 다른 말로 동성애자는 자신에게 공포를 주는 남자를 성화(sexualize)함으로 "오르가즘의 승리"(the victory of the orgasm) 또는 "오르가즘적 진통제"(orgasmic painkiller)라고 묘사하는 것을 성취하는 것이다. 그러나 비록 소아기 경험이 그를 동성에게로 끌리게 만들지만, 결코 만족하지 못하여, 강박적으로 그 동성애 행동을 반복한다. 그러나 강박적 성적 행동화(compulsive sexual acting-out)는 더 깊은 건강하고 진정한 애착을 얻고자 하는 과정을 방해한다.

- 증례: 내담자의 말

나는 사랑과 관심을 원했다. 그런데 이는 온통 섹스와 혼합되었다. 그 사건은 내가 다른 소년들에게 관심을 갖지 않았던 시기에 일어났다. 나는 그(가해자)가 쿨하다고 느꼈다. 그는 나를 놀리려고 할 때 말고는 나에게 관심을 주지 않았다. 우리가 성관계를 가졌을 때 그것은 특별하게 느껴졌다. 흥분되고 강렬한, 우리 사이에 무언가 공유되는 비밀이 있는 듯 하였다. 나에게는 다른 친구가 없었고, 아버지와의 나쁜 관계는 도움이 되지 않았다. 나는 우정이 필요했다. 그러나 내 기억에는 우정을 미워했다. 모든게 역겨웠고, 괴로웠다. 이게 나의 동성애 기본 원인이다. ... 사랑, 관심 같은 좋은 것을 얻기 위해서는 나는 나 자신을 수치스럽고 나쁘게 보아야 했다. 놀라게 하는 금지된 더럽고 역겨운 행동을 하는 인간이어야 했다.

치료 면담 동안, 그는 원치않는 동성애적 흥분을 느낄 때 그의 몸에 일어나는 느낌에 대해 주목했다. 동성애 느낌을 느끼기 전에 그는 다른 남자에 의해 수치를 당하는 느낌을 가졌는데, 그런 소아기 학대의 회상에 따라 그 "수치를 당한 자기"는 그의 동성애적 흥분에 필요한 전제조건임이 알게 되었다. 그 내담자의 과거 학대 경험과 현재 동성애적 흥분 간의 관계는 반복강박(repetition compulsio)의 한 예이다. (반복강박의 세 요소는 자기 통제(self-mastery), 자기징벌, 원인적 갈등 회피 등이다) 그는 사랑과 인정을 받기 위해 자기-패배와 자기 징벌적 행동에 반복 매달렸다. 그런 행동을 통해 그는 무의식적으로 최종적 승리를 얻음으로 그의 핵심적 상처를 해결하려 하였다.

이런 남자에게는, 동성애를 통한 만족(성취)은, 자신의 남성적 자기 확신이 필연적으로 실패하여 모욕으로 귀결될 것이라는 공포의 예견으로 강화된다. 그는, "과거와 달리, 이번에는 기필코 내가 원하는 것을 얻을 것이다, 이 남자와 더불어 나는 나 자신의 남성적 힘을 발견할 것이다" "이번에는 그 누그러지지 않던 내적 공허의 감각은 결국 살아질 것이다"라는 희망으로 반복재현(reenactment)을 제의화(ritualize) 한다. 이를 성취하기 위해 그는 또 다른 사람에게 그를 거부하고 수치스럽게 할 그리고 그로 하여금 무가치함을 느끼게 할 권력을 준다. 수치를 일으키는 시나리오는 계속 반복 연출된다. 이런 강박적으로 반복하는 동성애 행위는 오로지 그가 실제로 희망 없는 피해자이며, 궁극적으로 사랑할 가치가 없는 사람이라는 확신을 강화할 뿐이다.

4. 사랑과 증오의 관계

동성애 행동은 갈등, 즉 사랑-증오 관계에서 나오는 에로틱한 재현(the erotic reenactment)이기도 하다. 따라서 게이 관계에는 지배-피지배의 주제가 오염으로 내재되어 있다. 즉 동성애에는 "사랑" 뿐 아니라 증오(intrinsic dimension of hostility)가 내재되어 있다. 그런 역동적 의미에서 항문성교도 본질적으로 가학피학적이다. 인체 디자인을 위배한다는 의미에서 항문성교는 학대와 폭력이다. 이는 정신적으로는 인간성의 위엄과 남성성을 모욕하는 것이고, 인체(항문)도 손상시키고 감염을 일으키고, 성병들을 전염시킨다.

한편 니콜로지는, 청소년 또는 미숙한 남자에서 보는 순진한 상호 진심으로 애착하고 사랑하는 열중하는 동성애자가 발견된다고 한다. 이들 간에는 증오는 없었다는 것이다.

3
회복치료의 기법

회복치료의 실제적 목표는 게이를 이성애자로 회복시키려는 것으로, 전통적 남성적 젠더(masculine gender) 역할을 조건화(conditioning)하여 학습하는 것을 포함한다. 그런 행동치료 기법에는 금욕, 동성애 유혹의 감소, 남성적 또는 여성적 정체성의 감각을 강화시킴, 다른 젠더의 사람들과의 왜곡된 관계를 바로 잡는 것 등이 있다.

1. 역동적 기법과 인지행동치료의 통합

회복치료는 역동적 정신치료가 중심이 되지만, 그 외 다른 기법들, 즉 인지행동적 기법 뿐 아니라 기독교적(윤리적) 방법을 통합한, 보다 넓은 범위의 전환치료방법이다.[132] 즉 정신분석, 인지행동치료, 그리고 기독교

---

132 Nicolosi J.(2015). What is reparative therapy? Examining the controversy. http://www.narth.com/#!important-updates/c19sp

사역을 통합한 통합적 접근(eclectic approach)이다.

첫째, 역동적 기법으로 내담자가 자신의 동성애의 원인과 감정적 욕구와 이슈들을 이해하게 한다. 치료자와의 공동 노력 과정을 통해, 즉 역동적 정신치료 과정을 통해 내담자는 자신의 경험에 대한 통찰, 즉 깊고 완전한 이해를 공유한다.

그에 따라 회복치료의 4가지 원칙은 다음과 같다: ① 내담자는 자신을 공개한다(Disclosing) 그러나 공개를 위압하지 아니한다. ② 내담자의 질문을 격려한다(Encouraging Inquiry). 이로서 치료동맹(therapeutic alliance)을 형성한다. ③ 내담자의 과거 외상을 해소한다(Resolving Past Trauma). 이는 역동적 정신치료 기술에 해당한다, ④ 내담자를 교육한다(Education) - 동성애의 원인, 내면의 동기, 건강상의 결과에 대해 교육한다. 이런 치료과정을 통해 내담자의 경험을 더 깊고 더 완전하게 이해하려 한다.

둘째, 구체적 인지행동 기법으로 금욕, 동성애 유혹의 감소, 남성적 또는 여성적 정체성의 감각을 강화시킴, 다른 젠더의 사람들과의 왜곡된 관계를 바로 잡는 것 등 이다.

먼저 동성애자가 다른 이성애자와 성숙한 비성적(non-sexual) 관계를 증진하는 것이 중요하다.[133] 니콜로지는 수백명의 게이를 치료하는 동안 그들이 젠더 왜곡을 가지고 있을 뿐 아니라, 비성적 남자관계도 장애

---

133 Nicolosi J. THE HOMOSEXUALLY ORIENTED MAN'S RELATIONSHIP TO WOMEN. https://www.josephnicolosi.com/collection/2015/5/30/the-homosexually-oriented-mans-relationship-to-women

되어 있음도 발견하였다고 말한다.

그 다음 역시 인지행동치료 기법으로 이성애적 관계를 발달시킨다. 아마도 가장 실용적인 기법으로 생각된다. (그래서 보다 자세히 설명한다)

• 인지행동치료(cognitive behavioral therapy; CBT)

이는 인지이론과 행동주의 심리학을 통합하여, 정신장애가 인지-행동의 장애라고 보고 인지치료와 행동치료를 통합적으로 사용한다. CBT는 인지치료기법과 행동치료기법, 특히 행동교정법(behavior modification)과 심리학자 Albert Ellis(1913-2007)가 개발한 이성적 감정치료(Rational Emotive Behavior Therapy; REBT)를 통합한 기법이다. (정신과 의사는 필요하면 약물치료도 병행함으로써 치료기간을 줄일 수 있다.) CBT는 'here and now'의 특정 문제에 초점을 두고 구조화된 정신치료세션을 통해 현재의 문제해결에 대한 특정 전략을 선택하도록 치료자가 환자를 지도하고 인도하는 행동 위주의 치료기법이다. 이 치료로서 증상완화는 물론 환자의 취약성을 감소시키는 것을 목표로 한다.

인지행동치료 기법에는 다음 세 가지가 통합되어 있다.

- 인지기법(cognitive techniques)
① 부정적인 인지왜곡이나 자신의 약점, 실패에 대한 자동적 사고(automatic thought)를 가려내고, ② 그 사고가 맞는지 검정

(verification)하거나, 이를 버리거나 다른 설명을 하게 하며, ③ 이러한 자동적 사고들을 종합하면 하나의 양상이 드러나는데, 그 내용이 비적응적인 가정(maladaptive assumption)임을 확인하고(예를 들어, 행복하려면 완벽해야 한다는 가정), 그 비적응적 가정의 타당성을 검정하는 것이다. 그리하여 인지적 재구조화(cognitive restructuring)를 하게 된다.

- 설명기법(didactic techniques)

치료자가 환자에게 인지치료이론에서 말하는 기본개념, 치료의 진행방식, 인지의 3요소, schema, 잘못된 논리 등에 대해 설명하고, 우울증이 생각, 감정, 행동과 어떻게 관련되는지도 설명해준다. 필요하면 self-help 방법(숙제(homework) 주기, 특정 프로그램 책자, 컴퓨터 이용하기 등)도 병용한다.

- 행동적 기법(behavioral techniques)

이는 비적응적이거나 부정확한 가정을 검정하고 교정하며 새로운 전략을 세워 문제를 다루는 방법을 실제연습시키는 것이다. 행동적 기법에는 문제 발견하기, self-monitoring, scheduling activities(시간마다 할 행동의 목록을 만들어 지키게 함), 노출과 반응 차단(exposure and response prevention), mastery and pleasure(그런 수행이 얼마나 성공하였고 기쁨을 얻었는지를 평가하기), 쉬운 것부터 어려운 것으로 점차로 수행해 나가기(graded task assignment), 여러 단계의 도전을 이기는 상상을 하고 실제 해보기(cognitive rehearsal), 자기주장훈련, 사회기술훈련, 간단한 일을 완수하게 하는 자기신뢰훈련

(self-reliance training), 역할 해보기(role playing) 그리고 신체운동, 사고활동, 작업, visual imagery, 이완훈련(relaxation exercise), 호흡조절(respiratory control), guided imagery 등 다양한 방법이 포함된다.

- 글로 쓰기

실제로 인지치료를 할 때 무엇보다도 환자에게 자신이 겪는 불안이나 공포를 모니터해서 이를 기록하도록 한다. 이에는 일기쓰기, 자서전(autobiography) 쓰기(나중 치료 시 review 한다)도 포함된다. 특히 노출요법을 병행하여 환자가 공포상황에 노출될 때 겪는 불안이나 공포의 느낌과 사고내용을 객관적인 자세로 인식해서 기술하게 한다. 기록한 내용을 후에 분석해 보면 자기 스스로의 인지과정에서 자신이 얼마나 비적응적이고 부정적인 사고를 갖게 되었는지를 알 수 있고, 또 이 같은 잘못된 인지적 해석이 불안의 과정을 더욱 악화시킨다는 사실을 알게 된다. 또한 사실을 자기에게 불리하게 과장해서 생각할 때도 있음을 인식할 수 있다.

2. 회복치료의 특징적 기법

① 게이의 경우, 남자관계를 개선한 후 여자관계를 개선하게 한다

게이의 경우 여자와의 관계는 소아기 부모자식간의 고전적 삼각관계(classic triadic relationship)에 근거한다고 본다. 그리하여 회복치료는 우선 게이가 남자와 관계를 잘 맺기를 요구하는데, 이는 비교적 쉬운 편

이다. 그 다음 여자와의 관계를 잘 맺도록 준비시킨다. 이는 스스로 의도해야지 강제하기 어렵다. 게이는 어머니에 대해서는 너무 잘 알고(친밀하고) 아버지는 멀어 신비적 존재이다. 따라서 회복치료의 주된 포커스 중 하나는 게이가 다른 남자와의 비성적(non-sexual) 또는 비에로틱(non-erotic)한 우정의 관계를 강하게 격려하는 것에 있다. 즉 비록 게이가 여성과 친밀한 관계를 갖게 되었을지라도, 남성과의 관계도 만족스럽게 "회복"되어야 한다는 것이다. 게이가 여자와 성공적 관계를 갖는데 성공하는 것과 상관없이, 그는 좋은 남성적 우정을 가질 필요가 있다. 이를 확대하여, 동성의 사람들, 멘토, 가족, 친구들 등과의 비성적 관계를 발달시키도록 한다.

다음, 게이가 여성과의 관계를 만들어 가는 과정을 돕는다. 회복치료가 성공하려면 결국 이성애 관계가 이루어져야 한다. 이 경우 치료자는 그 과정을 시도하도록 격려하고 살피면서 성공하도록 조언해 주어야 한다.

실제 삶에서 남자와 여자가 상호이해하는 것이 쉽지 않다. 이성애 남자도 이런 도전에 흔히 실패한다. 그 이유는 그들은 여자에 대해 너무 무감각하기 때문이다. 그러나 모순적으로 이성애 남자가 여성과 친밀한 관계를 맺을 수 있는 것도 이러한 무감각함 때문이라고도 한다. 이성애 남자에게는 여자는 미스테리이다. 남자들은 여자를 너무 잘 몰라, 여자 관계에서 과잉반응하거나 자신을 잃을 수가 있다. 그러나 이는 이성애 남자가 이성애를 발달시키기 위해서 치루어야 할 댓가이다.

이성애 남자가 여성에 대해 무감각하다면, 동성애 남자는 여성에 대해 너무 예민하고 감정적으로 너무 과하게 관여하게 되는 것이 문제이다. (이는 어려서 어머니와의 관계 때문이다) 이 점에서 게이가 회복하려면 여성에 대해 확고한 태도가 증진되어야 한다. 한 게이 내담자는 여자와의 실패담을 말하면서 "나는 여자에 대해 건강하지 않은 방식으로 너무 개방적이었다는 사실을 알았다"고 하였다. 그는 어린 시절 어머니의 감정에 너무 예민하게 연결되어 있었던 것이다. 따라서 게이 남자가, 자신을 확고히 지키면서 여자와의 관계에 들어간다는 것은 하나의 도전이다. 따라서 이때 치료자는 내담자 게이의 내면의 자기정체성(sense of self)이 어떻게 작동하고 있는지 잘 살펴야 한다. 치료자는 내담자가 자신의 진정한 모습에 정직하도록 격려해야 하며, 과거 자기 어머니에게 그랬듯이, 거짓 자아로 빠지지 않도록 조언하여야 한다.

게이가 여성에게 접근하려 할 때 드러나는 "거짓 자아"의 모습에는 (앞서 말한 바와 같이) 수동적 순응(The passive-compliant), 연극적 환대(The theatrical entertainer), 동정적인 상담가(The empathic counselor) 등이 있다.

따라서 치료자는 게이가 여자와 같이 있을 때, 자신을 포기하거나 거짓 자아로 빠지려는 내담자의 경향성을 잘 살펴야 한다. 게이가 상대 여자가 자신에게 기대하는 바에 너무 예민하게 되면, 그는 자신의 욕구를 포기하고 여자의 욕구에 따라 행동함으로 자신을 잃게 된다. 성공적 이성애 관계를 위해서는 자신과 상대 여성에 대한 신뢰를 가질 수 있어야 한다. 흔히 게이는 여성과 만날 때 다음과 같은 의문을 가진다: "나는 나의 느낌에 따라 이 여자를 신뢰할 수 있을까? 그 여자는 나를 조작하고 혼돈스럽게 하지 않을까? 그녀가 진정한 나를 보는데 실패하지 않을까? 그녀 욕구대로 나를 압도하지 않을까? 나를 위하는 척 하지만, 실제로는 나를 이용하고 통제하려 하지 않을까? 나는 내가 될 수 있을까?" 이 경우 치료자의 역할은 남자가 자신을 지키는 일에 양보하거나 타협하지 않는가에 대해 귀를 기울이고, 지지해 주고, 조언하고 행동지침을 주어야 한다.

② 자기 인정의 파라독스

원치않는 느낌에 대해 직면하고 받아들이면 오히려 없어진다는 파라독스를 이용하는 것이다.[134] 즉 자신이 거부하는 내면을 더 많이 진리의 빛으로 들여다볼수록 그것은 더 잘 살아진다. 그리하여 그 느낌을 외면하지 말고 꿰뚫어 들여다 볼 것을 권한다. 동성애 생각이나 공상 때 신체적 감각(흥분)이 생겨나는데, 이 신체반응을 인식하면서 동시에 치료자와 연결된 상태를 유지하는 것이다. 그러면 동성애적 느낌은 다른 것으로 변환된다. 즉 섹슈얼리티와 상관없는 더 깊은 고통의 감정적 욕구를 인식하게 된다는 것이다. 이를 자기인정의 파라독스(paradox of self-acceptance)라 한다. 자신을 받아주는 치료자 앞에서 느낌을 재경험하게 되면 수치감이 없어지면서 자신의 동성애적 욕구에 직면하게 되는데, 이를 빛으로 바라보면 그 "문둥병"을 꺼내어 버릴 수 있다. 다른 말로 동성애적 착각(homoerotic illusion)을 더 깊이 직면함으로 수치스러움에

---

134 Nicolosi J. https://www.josephnicolosi.com/collection/2015/5/30/the-homosexually-oriented-mans-relationship-to-women

서 해방감을 느끼게 된다. 수치를 밀어내고 두려운 판타지에 직접 직면하면 남자의 동성애 끌림의 본성을 더 잘 보게 되는 바, 그 본질은 애착의 상실이었음을 알게 된다.

③ 동성애보다 사람을 본다

회복치료는 가능한 내담자를 수치스럽게 느끼게 하지 않고 (혐오기법을 사용하지 않는다), 가족을 소외시키지 않는다. 또한 전환을 강요하지도 않는다, 즉 게이임을 문제삼지 않는다. 오로지 동성애자인 "사람"을 대상으로 한다. 즉 실제 치료는 섹스에 대한 것이 아니라 편안하고 상호 평등의 비에로틱한 남자의 우정을 발달시키는데 중점을 둔다.

④ 기타 동성애 인지행동치료 기법

게이의 경우 예를 들어 다음과 같은 인지행동치료 기법을 사용한다: ㉠ 체육활동에 참여한다. ㉡ 흔히 동성애자들이 관심을 갖는 활동은 피한다. (예를 들어 미술관방문, 오페라나 심포니 관람 등) ㉢ 로맨틱한 접촉이 아니면 여성을 피한다. ㉣ 걷기, 말하기, 이성애 남자와 인간관계 맺기 등등, 이성애 남자의 행동을 배우기 위해 이성애 남자와 같이 지내는 시간을 늘린다. 예를 들어 교회에 참석하여 교회의 남자들의 집단에 어울린다. ㉤ 회복치료 집단에 출석하여, 회복과정에 대한, 또는 도로 동성애로 빠짐 같은 일에 대한 토론에 참여한다 ㉥ 유희적 만남(flirting)이나 데이트 등을 통해 여성에 대한 확고한 태도를 증진시킨다. ㉦ 이성애 데이트를 시작한다. 이성애 결혼에 돌입한다. ㉧ 아들에 대한 아버지 역할을 한다.

3. 정신치료 윤리 준수

이 치료는 미국의 정신치료에 대한 학회들의 윤리규정을 따르며, 전환을 원하는 동성애자들을 치료하고 있다. 미국의 "good standard psychotherapeutic practice"의 원칙, 즉 "용인되는 치료형태는 다음과 같다: 내담자(client)를 받아들이고, 지지해주고, 이해를 제공하고, 정체성 추구와 발달, 내담자의 대응, 사회적 지지, 정체성 추구와 발달 등등이 촉진되도록 해 주는 것이어야 한다". 회복치료에서도 이를 엄격히 지킨다.[135]

회복치료는 첫째, 원하는 경우에만 시행하고, 둘째, 강제하지 아니하고, 셋째, 내담자의 결정을 존중하고, 넷째, 치료동맹(therapeutic alliance)에 기반하는 등. 엄격한 정신치료의 기준 원칙을 지키고 있다.

이렇게 철저한 규정을 만듦으로 동성애 옹호자들의 공격에 맞서고 있다.

---

135 Nicolosi J, Byrd A, Potts R. (1988). Towards the Ethical and Effective Treatment of Homosexuality. Encino CA: NARTH.

4
회복치료의 효과

회복치료로서 치유된다는 임상적 증거들이 있다.[136]

NARTH는, 미국 정신의학회 또는 미국 심리학회가 회복/전환 치료가 효과가 없고 해롭기까지 하다는 주장에 대해, 전환치료가 효과가 있음을 입증하는 광범위한 문헌고찰[137]과 자신들의 경험을 근거로, 회복치료가 윤리적이고(인권을 존중하고) 효과적인 치료법이며, 실제 효과가 있다고 주장하며, 회복치료를 강력하게 옹호하고 있다.

---

136 NARTH는 동성애 치료를 주장하는 전문가들의 협회로 동성애를 원치 않은 동성애자를 이성애자로 성공적으로 바꾸는 치료에 대해 연구하고 실행하는 것을 취지로 한다. 1992년 Joseph Nicolosi, Benjamin Kaufman, Charles Socarides 등에 의해 창설되었다.
Nicolosi J(2015). What is reparative therapy? Examining the controversy.
http://www.narth.com/#!important-updates/c19sp
Phelan JE, Whitehead N, Sutton PM (2009). What Research Shows: NARTH's Response to the APA Claims on Homosexuality. Journal of Human Sexuality 1:1-121.
Nicolosi J, Byrd AD, Potts RW (2000). Retrospective self-reports of changes in homosexual orientation: A consumer survey of conversion therapy clients. Psycholl Rep 86:1071-1088.
Shidlo A, Schroeder M (2002). Changing sexual orientation: A consumer's report. Professional Psychology: Research and Practice 33(3):249-259.
Cummings N (2007). Former APA President Dr. Nicholas Cummings describes his work with SSA clients. Retrieved April 2, 2007, from http://www.narth.org/docs/cummings.html

137 Phelan JE, Whitehead N, Sutton PM>(2009). What Research Shows: NARTH's Response to the APA Claims on Homosexuality. Journal of Human Sexuality Vol. 1 (National Association for Research and Therapy of Homosexuality, 2009), pp. 23, 30.

5
새로운 신앙근거의 SAFE-T

동성애자들의 회복치료, 재지남치료(reorientation therapy), 전환치료, 성지남변화노력(sexual orientation change efforts. SOCE) 등등의 개념에 대한 거센 공격에 직면하여, NARTH/ATCSI 회원들은 적절한 대응이 필요하다고 판단하였다. 그들은 SOCE에 대해 과학적으로나 사회정치적 의미에서 문제가 있음을 인정하고 토론한 결과 2016년 회복치료라는 이름을 "치료에서의 성적 끌림 유동성 추구"(Sexual Attraction Fluidity Exploration in Therapy. SAFE-T)[138]로 이름을 바꾸었다. 그 이름을 바꾼 이유는 다음과 같다:

① 과거 용어들은 범주적 변화(전적인 동성애에서 전적인 이성애로)가 목적이라는 의미가 함축되어 있다. 그런 변화는 통계적으로 드

---

[138] osik C.(2016). Sexual Attraction Fluidity Exploration in Therapy (SAFE - T). Creating a clearer impression of professional therapies that allow for change. Anglican Mainstream. Dec. 2, http://anglicanmainstream.org/sexual-attraction-fluidity-exploration-in-therapy-safe-t/

물다. (그러나 실제 NARTH가 목표하는 바는 전환이며 이는 가능하다.)

② 과거 용어들은 그 시행되는 특수하고 이색적인 치료형태가 있다는 의미가 함축되어 있다. 즉 표준적 치료형태가 아닌 것처럼 보인다. (그러나 실제 NARTH가 주장하는 바는 전환치료는 특이한 것이 아니며 일반 정신치료의 원칙을 따른다.)

③ 과거 용어들은 성지남이 실제하는 어떤 범주(entity)라는 의미가 함축되어 있다. (실제로는 환상과 공상에 불과하다.)

④ 변화가 치료자의 목적이며 내담자의 목적이 아니라는 함축적 의미가 있다. 자기결정보다 강제적인 것처럼 보인다. 또는 변화가 치료자의 목표인 것으로 오해하게 한다. (전환은 실제로는 내담자의 목표이다).

⑤ 과거 용어들(특히 SOCE)은 전문가가 시행하는 정신치료와 종교적 또는 다른 상담과 구별하지 않는다. 또한 종교적 또는 기타 상담기법을 배제하는 것처럼 보인다. (새 방법 SAFE-T는 종교적 방법도 포함한다.)

⑥ 과거 용어들은 동성 끌림이나 동성애 행동에서의 변화를 가능케 하는 치료에 전혀 이해심 없는 전문가들에 의해 악마시되고 그리고/또는 개념화되었다. 때문에 임상가들은 방어적이 되어 왔다. 정

신치료는 공감이 중요 치료 요인이다. 공감은 NARTH/ATCSI 치료자들이 과거 용어들의 치료작업을 언급함에 즉각 방어할 수 있다는 것을 의미한다.

1. 새로운 신앙근거 치료의 이름

SAFE-T는 회복치료의 새 이름으로, 새로운 신앙근거 치료(A New Therapy on Faith)가 되었다. 이는, 성지남에 초점을 맞춤으로서 초래되는 합병증을 제거하고, 부인할 수 없는 현실에 초점을 맞춘, 인간경험에 대한 용어이다. 또한 SAFE-T라는 용어는 동성애자들도 인정하지 않을 수 없는 "성지남 유동성"(sexual orientation fluidity)이라는 개념을 사용함으로, "윤리적"인 게이확인치료(gay-affirmative therapy)에 대항할 수 있게 되었다. 이제 그들은 정신치료에 관련된 윤리적 지침을 철저히 지키면서 동성애 옹호자들의 공격에 맞서고 있다. 이러한 접근이 어떤 효과를 가져올지 미래 연구가 기대된다.[139]

남은 과제는 장차 이 치료로서 성지남의 유동성이 입증되는가, 해롭지 않은가 하는 것이 입증되는 것이다.

---

[139] Simon S. (2009). A New Therapy on Faith and Sexual Identity. Psychological Association Revises Treatment Guidelines to Allow Counselors to Help Clients Reject Their Same-Sex Attractions. http://www.wsj.com/articles/SB124950491516608883

VI
성적 지남 변화노력(SOCE)에 대한 옹호와 비판

1
SOCE의 효과를 입증하는 종합 논문들

1994년 MacIntosh[140]는 미국 정신분석학회 회원 285명에 대해 semi-random survey를 통해 (응답율이 예상보다 높아 67.5%였다) 그들이 평균 4년간 정신분석한 총 1,215명의 동성애자들의 치료결과에 대해 질문하였다. 그 결과, 전체 동성애자들 중 276명(22.7%)(남자는 23.9%, 여자는 20.2%)에서 이성애로 전환하였다고 하였다. 또한 84.0%에서 우울증이나 불안의 경감, 대인관계에서의 긴장 감소 등, "유의한 치료적 이익"을 얻었다고 했다.

2000년 Nicolosi 등[141]은, 자신이 동성애자임을 불만스러워 하여 치료든 자가 노력이든 어떻게든 전환을 이루고자 노력했던 882명의 동성애자를 대상으로 전환치료에 대한 믿음과 성지남의 변화 가능성에 대해

---

140 MacIntosh H (1994). Attitudes and experiences of psychoanalysis in analyzing homosexual patients. J Am Psychoanal Ass 42:1183-1207.

70개 항목으로 질문 조사하였다. 726명이 전문치료가와 목회상담가로부터 전환치료를 받았다고 응답하였다. 779명(89.7%)이 과거 치료받기 전 또는 독자 노력하던 중, 자신을 '이성애자라기 보다 동성애자에 가깝다'(22%), 또는 거의 전적으로 동성애자' 또는 '전적으로 동성애자(68%)였다고 응답하였다. 전환치료를 받거나 독자 노력을 한 후에는, 305명(35.1%)이 이전과 같은 자신의 관점을 유지하였으나, 34.6%에서 전적으로 또는 거의 이성애로 전환에 성공하였다고 하였다. 그 중에서 치료 전 전적으로 동성애자였던 318명 중 56명(17.6%)이 전적으로 이성애자가 되었다고 보고하였다. 전반적으로 연구 참여자들은 모두 전환치료나 자가 노력 덕분으로 동성애 생각, 동성애 공상이 크게(통계적으로 유의하게) 감소하였다고 하였다. 그리고 치료로서 정신적, 대인관계적 그리고 영적 웰빙이 크게 개선되었다고 하였다. 부작용에 대해서는, 70여개의 부정적 결과에 대한 항목에서 7.1%의 응답자가 최대 3개 항목에서 악화하였다고 하였다. 연구자들은 여러 이유를 들어, 이러한 긍정적 연구결과를, 연구대상을 넘어 일반화할 수는 없다고 하였으나, 더 이상의 연구를 위해 하나의 검정 가능한 가설을 개발하는데 자신들의 태도나 아이디어는 유용하다고 하였다.

또한 전환치료를 시행하고 있는 206명의 정신치료사들을 조사한 바,[142] 그중 187명(91%)이 동성애는 발달장애이며, 1973년 미국 정신의학

---

141 Nicolosi J, Byrd AD, Potts RW. (2000). Retrospective self-reports of changes in homosexual orientation: A consumer survey of conversion therapy clients. Psychological Reports 86.1071-1088.

142 Nicolosi J, Byrd, D, Potts RW. (2000). Beliefs and Practices of Therapists Who Practice Sexual Reorientation Psychotherapy, Psychological Reports 86:689-702.

회의 동성애 정상화 결정은 정치적 동기 때문이며 과학적이 아니었다고 믿는다고 하였다. 치료사들은 전환치료를 찾는 불만스러워하는 동성애자들 대부분은 전환치료에서 유익을 얻으며, 성지남의 변화와 정신기능의 호전을 보았다고 믿고 있었다. 그들은 전환치료가 클라이언트들을 위한 효과적이고 윤리적인 치료 선택이라는 것을 믿기에 그 치료를 지속하리라고 결론지었다.

2000년 Jones 및 Yarhouse[143]는 1954-1994. 사이 출판된 30개 논문을 메타분석한 결과 전체 대상 327명 중 108명(33%)에서 어느 정도의 이성애로의 전환이 있었다고 하였다.

2002년 Byrd와 Nicolosi는 동성애자들의 치료에 대한 연구논문들을 메타분석하였다.[144] 1969-1982년 사이 동성애 치료에 대해 발표한 146편이 발굴되었는데, 대부분 1975년 이전의 연구들이었다. 그중 14편이 포함기준에 맞았고 이들은 메타분석에 맞는 통계자료를 가지고 있었고, 모두 1969-1982년 사이에 출판된 연구들이었다. 대부분 행동개입(behavioral interventions)기법이었다. 분석결과 동성애 치료는 동성애에 대한 다른 치료나 대조군에 비해 유의하게 효과적이었고 (ES=0.72), 치료 전후에 유의한 차이가 있었다(ES=0.89). 이러한 결과는 다른 146편의 논문도 동성애 치료가 효과적일 수 있음을 시사한다.

---

143 Jones SL Yarhouse MA. (2000). Homosexuality: The use of scientific research in the church's moral debate. Downers rove, IL: InterVarsity Press.
144 Byrd AD, Nicolosi J. (2002). A Meta-Analytic Review of Treatment of Homosexuality. Psychol Rep 90(3_suppl):1139-1152.

2003년 Robert Spitzer[145]도 비슷한 연구를 함으로 힘을 보탰다. (그는 1973년 미국정신의학회가 동성애를 정상화할 때 진단명위원회 위원으로 중개역할을 하여 자아이질적 동성애라는 병명을 두게 만들었던 "유명한" 인물이다) 그는 동성애자인 200명(남자 143명, 여자 57명)에 대해, 회복치료를 포함한 각종 전환치료 전후에 전화, 구조적 면담, 등으로 동성끌림, 동성애 공상(fantasy), 욕망(yearning), 및 외현상의 동성애 행위 등을 평가하였다. 참여자들은 연구 참여 전 5년간 그들의 성지남은 단지 최소한의 변화가 있었다고 하였으나, 치료 결과로, 참여자 대부분에서 치료전 '주로' 또는 '전적인' 동성애에서 치료 후 1년간 '주로' 또는 '전적인' 이성애자로 바뀌었다고 하였다. (남자 동성애자 중 64%, 여자 동성애자 중 43%가를 이성애자로 전환하였다고 하였다) 연구자들은 환자들의 보고는 신뢰할 만했다고 평가하였다. (이 신뢰성이 나중 비판의 빌미가 되었다) 그는 회복치료가 동성애 행동과 성지남 정체성 뿐 아니라 동성 끌림, 동성애적 흥분, 동성애 환상, 동성애 갈구, 동성애 느낌에 의한 괴로움 등에도 효과가 있다고 하였다. 우울증이 전환 치료 실패의 가장 흔한 부작용이라 하지만, 그는 자신의 환자들에서는 오히려 치료 전보다 치료후 우울증도 호전하였다고 한다. 결론적으로 연구자는 이 연구가 회복치료 등 정신치료로서 성지남의 변화가 가능하다는 증거가 된다고 하였다. 또한 Spitzer는 전환치료가 해가 되지 않을 뿐 아니라 전환에 실패하더라도 우울증 감소, 남자에서 남성성 증가, 여자에서 여성성 증가, 동성간 관계에서 비성적 친밀성 증가 등 삶의 영역에서 어떤

---

145 Spitzer RL (2003). Can Some Gay Men and Lesbians Change Their Sexual Orientation? 200 Participants Reporting a Change from Homosexual to Heterosexual Orientation. Archives of Sexual Behavior 32(5):414.

유익을 찾게 된다고도 하였다. 그러나 동성애자들이 "신뢰성"을 시비로 논문을 철회하라고 하는 압력을 가했다. 그는 2012년 동성애자들에게 마음을 아프게 했다면 사과한다고 말하였다. 그러나 학술지 측에서는 논문 철회 요청을 거부하였다.

2006년 Phelan 등[146]은 미국 정신의학회가 전환치료나 회복치료가 비윤리적이라는 언명에 대해 반박하면서 전환/회복 치료의 정당성과, 동성애는 치유가능하다는 사실을 입증하기 위해 과거 치료한 사례보고들을 review 한 논문을 발표하였다. 지난 100년간 발표된 동성애 관련 연구들 Pre-Freudian 최면술, 정신분석, 인지행동치료, 집단치료, 최면요법, 성치료, 약물치료, 종교적 치료, 자연 재지남, 재지남의 일화적 보고, 등 수백편의 논문들을 review 하였다. 그 결과, 방법적으로 문제가 있는 옛 연구들이나 최신 방법의 sophiticate한 연구들 모두 치료 성과가 20-40%로 비슷하며 하며, 결론도 같았다고 하였다. 특히 바꾸려는 노력이 동성애 라이프스타일 자체보다 더 해를 끼친다는 과학적 증거들은 없다고 하였다.

Cummings는 동성애가 정신장애 분류에서 빠질 때 주도역할을 했던, 전 미국심리학회 회장이었는데, 2007년 그가 상담한 2,000명 이상의 동성애자들, 그리고 그의 감독하의 상담가들이 치료한 16,000명의 동성애자들 중 27%에서 전환이 있었다고 하였다.[147] 그리고 그는 "바꾸

---

146 Phelan JE, Whitehead N, Sutton PM. (2006). What Research Shows: NARTH's Response to the APA Claims on Homosexuality. A Report of the Scientific Advisory Committee of the National Association for Research and Therapy of Homosexuality. J Human Sexuality 1:1-121.

려는 노력이 동성애 라이프스타일 자체보다 더 해를 끼친다는 과학적 증거들은 없다"고 주장하였다. (이 말은 다른 SOCE 옹호학자들도 되풀이 말하고 있다) 실제적 윤리적 위반은 치료의 기회를 거부당하는 것이다. 또한 그는 DSM에서 동성애를 제거한 것은 잘못된 정치적 행위였고, 당시 학회의 지도자들이 과학적 사실보다 정치적 올바름(political correctness)[148]를 과잉 신봉하는 사상을 가졌기 때문이었다고 비판하였다. Dr. Nicholas Cummings은 2011년에도 NARTH 콘퍼런스에 주강연자로 참석하여, NARTH 활동을 높이 평가하였다.

2007년 Jones 및 Yarhouse[149]는 한 장기간의 전향적 연구에서 전반적으로 38%에서 성공적이라 하였다. 그들은 동성 끌림이 여전하였으나 순결 즉 "chastity"을 지킨 경우도 성공적인 회복이라고 간주하였다.

2009년 James E. Phelan등[150]은 「NARTH 보고서」를 통해, 동성애 옹호자들과 미국 정신의학회와 미국 심리학회가 전환/회복치료가 효과가 없고 해롭기까지 하다는 주장에 반박하기 위해, 당시까지의 연구논문들을 모두 검토하였다. 그 결과 전환치료가 효과 있음을 입증한다고 하면서, 자신들의 연구결과와 더불어 정신치료, 즉 회복치료(reparative

---

147 Cummings N. (2007). Former APA President Dr. Nicholas Cummings describes his work with SSA clients. Retrieved April 2, http://www.narth.org/docs/cummings.html
148 말의 표현이나 용어의 사용에서, 인종, 민족, 종교, 성차별 등의 편견이 포함되지 않도록 하자는 주장을 나타낼 때 쓰는 용어
149 Jones SL, Yarhouse MA. (2007). Ex-Gays?: A Longitudinal Study of Religiously Mediated Change in Sexual Orientation
150 James E. Phelan, Neil Whitehead, Philip M. Sutton, "What Research Shows: NARTH's Response to the APA Claims on Homosexuality," Journal of Human Sexuality Vol. 1 (National Association for Research and Therapy of Homosexuality, 2009), pp. 23, 30.

therapy)로서도 동성애가 이성애로 바뀔 수 있다고 주장하였다. 또한 전환 노력이 동성애 라이프 스타일 자체보다 더 해를 끼친다는 과학적 증거들은 없다고 하였다.

2009년 Jones 및 Yarhouse[151]는 동성애의 빈도, 원인, 정신병리, 전환의 가능성, 기타 동성애 행동의 문제점들 등에 대한 과학적 연구들을 종합적으로 검토하고, 기독교회가 어떻게 정직하고 효과적으로 대응하여야 할지에 대해 전통적 기독교 윤리를 들어 논하였다.

2010년 Karten[152]도 정신치료로서 동성애자들이 원치 않는 동성애에서 치유되었으며, 다른 남자들과 비성적 우정을 발달시킬 수 있었다고 하였다. 즉 117명의 자신의 동성애 끌림에 대해 불편해하여 sexual orientation change efforts(SOCE)를 추구하던 동성애자 남자들에 대해 성정체성, 종교신앙, 결혼, 젠더역할, 치료 동기, 치료받은 SOCE 종류와 그 효과 등등을 조사하였다. 그 결과, 7점 점수의 킨제이 척도에서 치료전 점수는 평균 2.57 (2 = almost entirely homosexual; 3 = more homosexual than heterosexual)이었으나, 치료 후에는 4.81 (4 = equally homosexual and heterosexual; 5 = more heterosexual than homosexual)이었다. 이는 통계적으로 유의하였다. 치유의 경험과 긍정적으로 관련된 요인들에는 결혼, 치료를 찾기 전에 다른 남자와

---

151 Jones SL, Mark A. Yarhouse MA. (2009). Homosexuality: The Use of Scientific Research in the Church's Moral Debate. InterVarsity Press,
152 Karten EY, Wade JC. (2010). Sexual Orientation Change Efforts in Men: A Client Perspective. The Journal of Men's Studies. 2010. https://doi.org/10.3149/jms.1801.84

disconnected된 느낌, 다른 남자와 비성적 감정을 표현하는데 덜 갈등을 느끼는 경우 등이 있었다. 아는 SOCE의 목적과 일치하였다.

이상 제시된 연구논문들은 결론적으로 동성애는 치유된다는 주장을 옹호한다. 치료(개입)의 결과 전환한다는 결과는 크고 다양하다. 그러나 미국심리학회는 근거없이 전환치료를 반대하는 입장을 나타낸다.[153] 크리스천은 비록 전환성공률이 낮아도, 한사람의 동성애자를 구하기 위해서 노력해야 한다.

---

153 American Psychological Association.(2020). APA Updates Resolutions Related to LGBTQ Issues. March 3
https://www.windycitytimes.com/lgbt/APA-Updates-Resolutions-Related-to-LGBTQ-Issues/68083.html

2
SOCE에 대한 비판

1973년 동성애가 정신장애 분류에서 빠진 후 미국정신의학회, 심리학회, 교육학회. 등은, 동성애를 이성애로 그 성지남을 바꾸려는 노력은 해로우며 비윤리적이라고 주장하기 시작하였다. 즉 정신분석이나, 회복치료 또는 탈동성애 사역의 효과에 대한 연구들은 방법 상 오류가 있다하여 인정할 수 없다는 것이었다.

SOCE가 실제 효과가 없었다는 임상적 연구도 있기는 하다. 그런 임상연구도, 그들이 SOCE가 효과가 있었다는 논문을 비판하던 방식으로 보면 꼭 같은 비판을 받을 수 있는 수준이었다.

SOCE 논문들을 review 하고 비판문을 쓴 대표적인 인물로서 Haldeman이 있다. 그는 SOCE 연구중 역사적으로 가장 유명한 1960년대 Bieber의 연구를 비판하고 있다.

Haldeman[154]은 1960년대 Bieber의 연구들과 기타 여러 전환에 성공했다고 주장하는 연구논문들에 대해 문제점들을 지적하였다. 즉 ① 동성애가 무의식의 소아기 갈등(unconscious childhood conflicts) 때문이라고 하였으나, 그들이 분석한 대상은 정신과를 찾아온 여러 정신장애를 가진 동성애자들이었다는 것(흔히 clinical sample이라고 한다), ② 전환되었다고 주장하는 동성애자들 중에 상당수의 양성애자들이 포함되어 있어, 그들이 이성애를 한 것을 전환이라고 단정했을 것, ③ 전환효과의 판정에 있어 내담자의 주관적 보고에 의존했다는 것(객관적 증거가 못된다는 것), ④ 장기 추적조사가 없거나 체계적이 아니었다는 것, 등등 비판하였다. 1965년 Mayerson and Lief의 연구, "Psychotherapy of homosexuals: A follow-up study of nineteen cases"에서도 환자의 자가보고는 객관적이 될 수 없다고 하였다.

또 다른 비판가[155]는 Bieber, Socarides 등의 정신분석적 전환연구에서는 장기적 추적 자료가 없다, 결과 평가에 있어 게이가 전환함으로 여성애 끌리었다는 것은 일시적일 가능성이 있다, 성적 환상이 바뀌었다고 전환이 일어났다고 볼 수 없다, 과거 결코 한번도 여성에 끌림이 없었다는 게이에서 이성애로 바뀌었다는 자가보고는 신빙성이 거의 없다, 등등을 주장하고 있다.

---

154 Haldeman DC. (1991). Sexual orientation conversion therapy for gay men and lesbians: A scientific examination, in Gonsiorek J; Weinrich J (eds.), Homosexuality: Research Implications for Public Policy, Newbury Park, California: Sage Publications, Inc, (pp. 149-160)
https://web.archive.org/web/20180206023332/http://www.drdoughaldeman.com/doc/ScientificExamination.pdf
155 Liss JL, Welner A. (1973). Change in homosexual orientation. Am J Psychother 27:102-104.
Acosta FX. (1975). Etiology and treatment of homosexuality: a review. Arch Sex Behav 4:9-29.

최근 SOCE가 별 효과가 없고, 해로움만을 끼친다는 연구들이 발표되었다.[156]

2011년 Maccio[157]는 남녀 동성애자에 대한 전환치료가 성공했다는 두 개의 연구들과 4개의 반대되는 연구들을 review하고 토론하였다. 연구 결과, 그녀는 이전에 전환치료에 참여하였던 여러 문화와 인종 배경의 37명(남자 62.2%)의 현재 또는 과거 자신들을 동성애자 및 양성애자로 인정한 사람들에서, 치료 전후에 "통계적으로 유의한" 다른 성지남으로의 전환이 없었다고 하였다. 추적 조사에서도 치료 후 잠시 동안 성지남의 변화가 있었던 소수의 사람들에서 그 효과가 지속되지 않았다. 이는 본질주의들의 견해를 지지하는 것이라 하였다.

Haldeman은 혐오치료로 치료효과를 보였다는 Feldman의 1966년 연구를 집중 비판하였다.[158] 동성애 느낌을 고문, 수치 갈등, 공포로 받아들이고, 수치감을 느끼게 한다는 것은 학대이며 비윤리적이라 하였다. 동시에 혐오자극으로 동성애 느낌은 줄일 수 있겠지만, 이성애 느낌을

---

156 Shidlo A, Schroeder M. (2002). Changing sexual orientation: A consumer's report. Professional Psychology: Research and Practice 33(3):249-259.
Fjelstrom J. (2013). Sexual Orientation Change Efforts and the Search for Authenticity. Journal of homosexuality. 60(6):801-827, DOI: 10.1080/00918369.2013.774830
Dehlin JP, et al.(2015). Sexual orientation change efforts among current or former LDS church members. J Couns Psychol 62(2):95-105. doi: 10.1037/cou0000011.
157 Maccio, E.M. (2011). Self-reported sexual orientation and identity before and after sexual reorientation therapy. Journal of Gay and Lesbian Mental Health, 15. 242-259.
158 Haldeman DC. (1991). Sexual orientation conversion therapy for gay men and lesbians: A scientific examination. In J. C. Gonsiorek & J. D. Weinrich (Eds.), Homosexuality: Research implications for public policy Sage Publications, Inc. pp. 149-160. https://doi.org/10.4135/9781483325422.n10
Haldeman, Douglas C. (2022). The Case Against Conversion Therapy: Evidence, Ethics, and Alternatives. American Psychological Association.

증가시키지는 못한다고 비판하였다.

회복치료에 대해서는 Jack Drescher는 회복치료란 결국 실제로는 Elizabeth Moberly 및 Joseph Nicolosi의 "종교적" 방법에 불과하다고 비판하였다. 또한 정신성발달의 중단이라는 프로이트 이론에 근거하여 정신역동적이라하지만, 행동치료를 통합한 것이라 비판하였다. 그러나 이는 비난거리가 못된다. 다른 학파의 이론과 기법들을 통합하는 것은 개선 또는 진보라 할 수 있다.

Haldeman은 탈동성애 사역(Ex-gay ministry)에 대해서, 2013년 한 때 Exodus International의 지도자가 전환의 실패를 시인하고 그동안의 자기주장으로 상처를 입은 사람들에게 사과하고 활동을 중단하였다는 것은 SOCE가 "실패하였음"을 의미한다고 강조한다. 그러나 이는 실패를 너무 확대 해석한 것이다. 떠난 사람은 단 한 사람이었고, 남은 회원들은 얼마후 조직을 새로 정비하고 다른 명칭으로 활동을 계속하였다.

1. 학술단체에 의한 비판

미국 정신의학회가 동성애가 정상이라고 한 이후 미국심리학회는 물론 전체 의사 단체들이 동성애가 정상이라는 입장을 따르고 있다. 현재 미국정신의학회, 미국심리학회, 미국소아과학아카데미(American Academy of Pediatrics) 등이 대표적 동성애 옹호 학술집단이다. 그들은 학회 방침으로 동성애를 정상으로 보면서, SOCE를 안하는 것이 윤리적이라 주장한다. 우선 미국 정신의학회[159]와 동성애 옹호 학자들은 전환치료에 대한 연구논문들을 비판하여 탈동성애의 실상은 주장하는 것 만큼 확실하지 않다고 주장하였다.[160] 보다 적극적인 학술단체는 미국심리학회로서, 모든 SOCE를 비과학적이며 해롭다고 비난한다.[161] 더구나 미국심리학회는 자식을 자신들의 기준에 따라 양육하는 것에 대한 부모의 권리에 대해서도 의문을 표시한다.

그들이 SOCE를 반대하는 근거는 다음과 같다.

첫째, 전환치료는 전문가적 윤리기준에 부합하는가 하는 의문을 제시한다. 그 윤리기준이란 내담자에게 해로움을 끼치지 말아야 한다는 것인데, SOCE는 그 자체가 차별을 부각시킴으로 죄의식, 불안, 우울증, 열등감, 수치심 등을 야기하는 등, 해로움을 준다는 것이다. 즉 SOCE는, 동성애에 대해 확인치료를 해야 한다는 미국심리학회의 정책에 부합하지 않는다. 그러나 이런 방침은 원하는 사람의 요청을 거부하는 것으로 볼 수도 있어 오히려 비윤리적이라는 비판을 받을 수 있다. 실제 탈동성애 치유를 결정하는 사람은 치료의 고통을 각오하고 있다고 보아야 한다. 아무리 의사가 권위가 있다 하더라도 (감옥에 있지 않는 한) 치료를 거부하는 사람을 억지로 상담치료 의자에 앉게 할 수는 없다. 소아청소년의 경우 부모가 강제로 치료받게 하는 것에 대해서도 찬반이 있다. 이

---

160 Haldeman DC. (1999). The Pseudo-science of Sexual Orientation Conversion Therapy. Angles: The Policy Journal of the Institute for Gay and Lesbian Strategic Studies. 4(1):1-4.
161 American Psychological Association. (2008). Just the Facts about Sexual Orientation & Youth". https://www.apa.org/pi/lgbt/resources/just-the-facts.pdf

경우 우리는 부모의 권리를 옹호하는 편이다.

둘째, 임상연구들은 그들이 지지하는 전환치료가 성지남을 바꾼다는 것을 보여주는데 실패하고 있다는 것이다. 그러나 역사적으로 수많은 전환료의 성공사례가 모두 거짓이라고 볼 수 없다. 동성애 전환치료의 낮은 성공률은, 다른 정신장애의 치료가 매우 어려운 것에 비하면 그리 나쁜 것도 아니다. 즉 알콜사용장애, 약물 중독, 성도착장애(소아애증 등), 인격장애 등은 치료가 매우 어렵다고 알려져 있다. 어쨌든 낮은 성공률은 치료가 전혀 안 된다는 의미는 아니다.

1995년 10월 미국심리학회, 미국정신의학회, 미국교육학회 등 전문학회는 공동으로 미대법원에 동성애 관련 amicus briefs를 제출하였는데, 여기서 그들은 그들의 전형적인 동성애 옹호논리를 펴고 있다. ① 동성애자나 동성애 교사는 아이들을 (이성애자들보다) 더 많이 성학대(molest) 하는 것이 아니다, ② 동성애자의 자녀들은 동성애자로 더 많이 자라지 않는다, ③ 전문가들은 동성애는 병이 아니라는데 동의한다, ④ 동성끌림은 생물학적으로 그리고 유전적으로 미리 정해져 있다. 개인은 이에 대해 어쩔 수 없다. 이에 대한 비판은, ①과 ②는 과학적 사실과 부합하지 않고, ③과 ④는 논쟁적 및 불확실한 문헌들을 너무 단순화 하고 있다는 것이다.[162]

---

[162] Cameron P, Cameron K, Landess T. (1996). Errors by the American Psychiatric Association, the American Psychological Association, and the National Educational, Association in representing homosexuality in amicus briefs about Amendment 2 to the U.S. Supreme Court.Psychol Rep. 1996 Oct;79(2):383-404. doi: 10.2466/pr0.1996.79.2.383.

2001년 미국의 Surgeon General(국가 의사 대표격)인 David Satcher는 "성지남이 변경될 수 있다는 타당한 과학적인 증거는 없다"는 보고서를 발행하였다.[163]

2004년 미국정신분석학회(The American Psychoanalytic Association, APsaA)는 NARTH을 비판하고 반대하는데, 그 이유는 NARTH가 비차별 정책(policy of nondiscrimination)이라는 학회의 지침을 따르지 않고 있으며, 또한 동성애자인 학회회원을 모욕하고 있다는 것이다. (치료효과가 있는가 없는가 하는 학술적인 이유가 아니었다.) 그러나 NARTH는 게이이기를 원하지 않는 사람들의 요구나 목표를 무시하는 것이 차별이며 비윤리적이라 믿는다고 반박하였다.

2008년 보수적이던 미국 정신분석 및 역동정신의학 아카데미(the Academy of Psychoanalysis and Dynamic Psychiatry)에 속한 정신분석가들도 동성애가 병적이라는 전통적 사고에서 벗어나 동성애를 정상으로 보고 동성애 분석가를 훈련생으로 받아들이기 시작하였다.[164] 이제 그들은 1973년 미국정신의학회의 결정으로 동성애가 정상화된 이후, 정치적, 문화적 그리고 개인적 신념의 변화에 따라, 과거 프로이트가 동성애를 미숙이라고 본 관점과, 이후 동성애를 병적이라고 규정한 neo-freudian theory으로부터 벗어나, 동성애를 정성적 변이로 보게 되었다

---

163 https://www.nytimes.com/2001/06/29/us/surgeon-general-s-report-calls-for-sex-education-beyond-abstinence.html
164 Drescher JJ. (2008). A history of homosexuality and organized psychoanalysis. Am Acad Psychoanal Dyn Psychiatry 36(3):443-60. doi: 10.1521/jaap.2008.36.3.443.PMID: 18834283

는 것이다.

추가적으로 미국정신의학회는 동성애자들이 SOCE를 찾는 것은 사회적 편견 때문이라는 것을 시사하고 있다. 그 비난을 면해보고자 원치 않아도 전환치료를 받아볼가 한다는 것이다. 그런 사회적 편견이 내면화 하면 동성애 혐오증(homophobia)이 되는데, 동성애자도 스스로 동성애 혐오자가 될 수 있다는 것이다. 자신들의 동성애를 긍정적으로 받아들인 게이와 레스비언들은 사회에 잘 적응하고 있어 전환치료를 받을 이유가 없다는 것이다. 이점에 대해서는 일반적 게이라이프스타일과 신체적 합병증을 고려하여 동성애 성교행위를 얼마나 통제할 수 있는가를 살펴보아야 한다. 또한 근본적으로 혐오, 차별 등의 근원이 무엇인가 하는 질문을 하고 싶다. 인류사회나 동물세계에 차이, 차별, 혐오 등이 어떻게 존재하게 되었나 하는 것이다.

2009년 미국심리학회[165]는 1960-2007년 사이에 출판된 SOCE 논문들 중 최소한의 규정을 지킨 그런대로 과학적인 연구는 극소수였으며, 과학적으로 인정되는 연구는 단 한편 Tanner[166] 뿐이었다고 하였다. 즉 SOCE 논문들의 대상 선정, 평가방법, 통계방법 등이 비과학적이라는 것이다. ① 대상 선정이 편향적이다, ② 대상 수가 너무 적다, ③ 대조군이 없다, ④ 나중 보니 동성애자라기보다 양성애자 였을 것 같다, ⑤ 평

---

[165] Report of the American Psychological Association Task Force on Appropriate Therapeutic Responses to Sexual Orientation (2009)
https://www.apa.org/pi/lgbt/resources/therapeutic-response.pdf
[166] Tanner BA (1974). A comparison of automated aversive conditioning and a waiting list control in the modification of homosexual behavior in males. Behavior Therapy 5:29-32.

가방법이 주관적이었다(본인의 보고는 믿을 수 없다), ⑥ 장기 추적 조사가 부족하다, 등등이다.

이를 반박하자면, 단 하나라도 입증이 되는 논문이 있다는 것은 전혀 없다는 말과는 질적으로 틀리다. 또한 과거 논문들은 당시 나름대로의 심사과정을 거쳐서 출판되었을 것이기 때문에 의미가 없는 것이 아니다. 또한 실험적 과학연구와 달리 정신치료/상담 같은 정신 상태에 대해서는 "실험적"으로 연구하기가 쉽지 않다.

동시에 미국심리학회는 동성애에 대한 새로운 개념을 제시하였다. 즉 ① 동성애는, "동성간 성적 및 로맨틱한(romantic) 끌림(attractions), 느낌(feeling), 및 행동으로, 동성애 정체성(homosexual identity)과는 상관없는, 인간 색슈얼리티의 정상적이며 긍정적인 변이들(variations)이다." 즉 "로맨틱한" 끌림과 "느낌"을 추가하고 있는데, 이러면 동성애의 범위가 모호하게 넓어진다. (이런 내용의 성교육은 청소년들에게 자신이 동성애자일 수 있다는 정체성 혼란을 더 크게 일으킬 것이다) 그리고 동성애자로서의 정체성은 상관없다고 하는데, 이는 동성애 유동성을 고려해서인 것 같다. 이는 전통적 동성애의 정의-동성끌림, 동성 성행위, 및 동성애자로서의 정체성-와는 달라진 것이다.

2. 동성애 옹호자들의 비판

그들은 각종 논문으로 SOCE에 반대한다.[167] 즉 동성애는 타고났기 때문에 바뀌지도 않고 (또는 어릴 때 형성되었기 때문에) 전환(회복)될 수 없다고 말하며, 어차피 고치지 못하기 때문에 고치라고 권하거나 시도하는 것은 당사자에게 트라우마만 줄 뿐이라고 말한다. (이 반박은 SOCE 비판시 마다 매번 반복 발언되고 있다) 그리고 동성애는 결코 "선택"이 아니라고 말한다. 그러나 성지남 유동성은 인정하고 있다.

---

167 Bailey JM, Vasey PL, Diamond LM, Breedlove SM, Vilain E, Epprecht M. (2016). Sexual Orientation, Controversy, and Science. Psychological Science in the Public Interest 17(2):45-101. https://doi.org/10.1177/1529100616637616

3
크리스천들의 반론과 해결

1. 비판에 대한 반론

① 현재로서는 SOCE가 효과가 있다는 긍정적 논문이 부정적인 논문보다는 많다. 그러면서도 SOCE에 대한 비판론은 독단적이고 편파적이다. 방법상 오류가 있다 하지만 오류가 없는 완벽한 연구가 가능할까? 학술지는 접수된 논문에 대해 연구에 다소 결함이 있어도, 전체 결론에 지장을 줄 만하지 않다고 판단되면 출판한다.

정신치료 효과의 입증의 어려움 - 정신치료의 효과는 주관적이므로 "통계적"이고 과학적인 논문으로 발표되기에 한계가 있어, 높은 수준의 학술지에 실리기 어렵다. 대체로 의학논문에서는 통계적으로 유의하다는 통계적 기준(가설이 거부될 확률 0.05% 이내)이 있는데, 이는 대개 생물학적 연구나 약물치료에서 이용하는 방법이다. 그러나 전환치료나 회복치료를 포함하는 정신분석이나 정신치료의 효과는, 개별 사례적이고, 대조군을 두기 어렵고, 진행이나 효과 판정도 주관적이기 때문에, 통계적 비교 논문으로 발표되기 어렵다. 그래서 학계에 널리 알려지지 못하고 있다. 또한 정신의학적 치료의 "높은 표준"은 어디까지인가에 대해서는 통일된 의견이 부족하다. 치료효과에 대한 환자의 평가가 주관적이기 때문이다. 이는 마치 돈이 얼마나 많아야 부자인가 하는 것과 마찬가지이다. 이런 약점을 근거로 전환치료가 무익하다고 말하는 것은 무리이다.

관련 통계적 논문이 적다고 해서 증거가 없다고 할 수 없다. 이는 신앙이 삶에 유익하다는 것을 통계적으로 입증하는 논문이 없다고 신앙이 가치 없다고 말하는 것과 같은 무리하고 무례한 논리이다. 개별 증례나 주관적 평가, 개인의 고백도 증거가 된다고 보아야 한다.

모든 동성애자가 SOCE로 전환될 수 있다고는 할 수 없으나, 한사람에서라도 효과가 있다면, 전환치료가 효과 없다는 주장은 틀렸다고 보아야 한다. 우리는 한 마리의 잃은 어린 양이라도 찾아야 한다.

② 그들이 말하는 비판에 과학적 근거가 없다. SOCE가 효과가 없다는 것을 입증하는 임상적 연구를 발견하기 힘들다. 즉 그들의 주장은 그들의 신념일 뿐이다.

특히 그들은 동성애에 대한 전통적 성경적 이해와 교훈을 경멸하고 그에 반대되는 성적 윤리를 옹호하며, 성경적으로 비정통적인 revisionist groups을 참고문헌에 망라하고 있다.[168] 그들은 "자신들이 결정한" 윤리적 가이드라인을 따르라고 요구하면서, 한편으로는 내담자 자율성과 자기결정권과 종교의 자유를 존중하여야 한다고 모순적으로 말을 한다.

③ SOCE는 해로운가? - 전환치료가 해로웠다는 주장은 정신치료자로서의 저자는 이해가 잘 되지 않는다. 어떤 정신치료자라도 해를 끼친다고 판단되면 치료를 중단한다. 해를 끼치는데, 계속 치료받으러 올 내담자는 없다. 그들이 가장 비난하는 혐오치료는 (효과는 있었지만) 현재 동성애자들에게 시행되지 않는다. 한때 동성애 청소년 캠프에서 과도한 훈육으로 행동치료 기법이 사용되었을 수 있었을 것이다. 지금은 누가 그런 방법을 허용할 것인가?

정신분석 또는 정신역동적 치료는 과거와 무의식을 탐구하는 것인데, 무엇이 해로웠다는지 내용이 궁금하다. 이제는 정신치료의 윤리코드에 따라 모든 SOCE에서 "설명후 허락"(informed consemt)를 받고 진료를 시작한다. 전환치료가 해로움을 끼칠 틈이 없다. 두 APA의 주장과는 반대로 원치않는 동성애에 대한 유능한 종교적인 상담은 본래적으로 해롭지 않다.[169]

기독교 단체들은 미국심리학회가 동성애는 변할 수 없다고 하는 주장이 오히려 동성애자들에게 해를 끼친다고 항의하였다. 유전된다 타고

---

168 Appendix B - Religious and you can Denominational Lgbt Advocacy and you may Affinity Organizations. JUIN 8, 2022.
https://petitdubai.fr/appendix-b-religious-and-you-can-denominational/
169 Jones SL (2012), Sexual Orientation and Reason: On the Implications of False Beliefs about Homosexuality," digitally published at www.christianethics.org and Stanton L. Jones and Mark A. Yarhouse, op. cit.

난다, 변할 수 없다 등의 주장도 동성애자들의 마음을 다치게 할 수 있기 때문이다. 그들의 희망을 꺾는 것이기 때문이다.

④ 저자가 보기에 연구에서 전환이 적은 이유는 전환이 어려운 남자 동성애자들이 많았던 것 때문에 결과를 왜곡하게 만든 것 같다. 그리고 통계적으로 유의하지 않았다는 것은, 전환이 충분히 많지 않았다는 의미이지 전혀 없었다는 것은 아니다. 소수의 동성애자라도 전환시킬 수 있다면 그것은 가치있는 일이다.

⑤ 또한 정신치료자의 숙련이 문제라고도 볼 수 있다. 즉 치료자가 유능하다면 더 많은 전환이 생겨나고 더 오래 지속될 수 있을 것이라는 의미이다.

⑥ 미국 심리학회는, 자식을 양육하는 기준에 대한 부모의 권리에 대해 의문을 표시한다. 그러나 크리스천 부모는 자신들의 전통적 성경적 성윤리에 따르도록 자녀들을 훈육할 책임이 있다. 한편 청소년들이 SOCE에 의해 해로움을 당한다는 것을 보여주는 과학적 연구들은 없다. 유일한 근거는 종교적 수련회 캠프에 LGBT청소년들을 부모가 강제로 입소시킨다는 것 정도이다. 그러나 LGBTQ를 옹호하는 부모들도 그들의 이성애 자녀를 LGBTQ camp에 데리고 가고 있다.

성적 학대를 받은 소아들은 흔히 성적 끌림과 정체성에 대해 의문을 가진다. 따라서 어린이들에 대한 SOCE 금지는 그들이 필요로 하는 도움을 거부하는 것이다.[170]

2. 크리스천들이 요청하는 바

전환을 요청하는 동성애자가 있는 한, 그리고 적절한 informed consent 절차를 마친 후, 전환치료를 제공할 능력과 의지가 있는 치료자가 있는 한, 두 APA(미국정신의학회와 미국심리학회)는 동성애를 치료하는 것에 대해, 윤리적으로 거부하면 안된다는 것이다. 그런 치료를 거부하는 것이 오히려 APA 자체의 윤리코드를 위반하는 것이다. 크리스천들은 APA와 기타 정신건강 기구들이 그들의 회원들로 하여금 내담자의 자기결정의 권리를 존중하도록 요청하고 있지 않는가라고 반문한다.

SOCE 반대론자들에게 반문하고 싶은 것은, 그들은 전환을 원하는 동성애자를 만나 보았는지, 혹시 아예 전환노력을 하지 말라고 조언함으로 원하는 전환의 기회를 놓치게 만들지 않았는지 묻고 싶다. 그들은 또한 도대체 왜 인류사회에 스티그마라는 현상이 전 역사를 통해 존재해 왔는지 생각해 보아야 할 것이다.

3. 크리스천의 주장에 대한 미국심리학회의 반응

크리스천들과 미국심리학회 내 동성애 옹호이론가들 사이에 치열한 논쟁이 전개되었다. 우여곡절 끝에, 2009년 미국심리학회는 회복치료가 당시로서는 "분명히 불인정(discredit)" 되지만 최종적인 평가는 아니라 하였다. 미국심리학회가 표명한 해결책은, 개인의 가치에 따른 행동, 끝

---

170 Jeff Johnston J, (2010). Childhood Sexual Abuse and Male Homosexuality, 17 June.

림, 정체성에 대한 치료적 접근을 공식적으로 윤리적으로 금하는 것은 아니었다는 것이었다. 개인은 자신의 사고와 행동을 자신의 믿음과 신앙에 맞추어 상담과 치료를 선택할 권리를 지속적으로 가진다는 것이었다. 결국 두 APA는 임상가들에게 내담자의 종교적 영적 가치를 존중하도록 그리고 내담자들이 자율성과 자기결정에 대한 권리가 있음을 인정하도록 안내하였다.[171] 그리고 특이하게도 기독교 신앙으로 갈등이 있는 동성애자에 대해서는 금욕에 대해 거부도 옹호도 하지 말라고 하였다. 나아가 미국심리학회는 동성애자들에게 반드시 게이확인치료를 시행하지 않아도 되며, 전환을 요청하는 동성애자들이 있다면 그들을 돕는 것이 윤리적이며 그들에게 유익이 될 수 있다고 가이드라인을 개정하였다.[172]

당연히 동성애 옹호자들은 즉각 이 입장의 변화를 비판하였다.

이렇게 한 발 물러섰지만 여전히 미국심리학회는 정신건강 전문가들이 성지남 때문에 고통을 받는 사람들을 도우려 할 때 SOCE의 효과에 대해 성지남 변화를 증진하다거나 전환을 보장하는 등 잘못된 정보를 주지 않도록 주의해야 한다고 하였다. (어느 의사도 자신의 치료방법의 효과를 보장하지 않는다)

---

171 Resource Document on Religious/Spiritual Commitments and Psychiatric Practice, December 2006; American Psychological Association, "Answers to your questions: For a better understanding of sexual orientation and homosexuality." Washington, DC, 2008.
172 Simon S. (2009). A New Therapy on Faith and Sexual Identity. Psychological Association Revises Treatment Guidelines to Allow Counselors to Help Clients Reject Their Same-Sex Attractions. http://www.wsj.com/articles/SB124950491516608883

4. 현재 상황

2000년대 이후 SOCE에 대한 논쟁은 소강상태이다. 미국의 경우 주에 따라 법으로 SOCE를 금하고는 있으나, 실제 치유상담은 원하는 사람들에게 소문 없이 진행되고 있는 것으로 보인다.

5. 소송에서 승리하다!

크리스천들의 노력으로, 특정인에 대한 전환치료를 허락해 달라는 소송에 승리하는 소식이 들려온다. 예들 들어 2020년 11월 21일 플로리다 연방항소법원(federal appeals court)이, 상담치료사가 동성애 소아에게 전환치료를 제공하는 것을 금지한 남플로리다주의 법을 2대 1로 위헌이라 판결하였다.[173] (판례명. Otto et al v City of Boca Raton, Florida et al, 11th U.S. Circuit Court of Appeals, No. 19-10604) 상담치료사 측 변호사들은 "내담자는 진지한 종교적 신앙 때문에 자신의 동성애와 갈등을 겪고 있어, 자신의 정체성과 행동을 그 신앙과 합치하기 위한 상담을 찾고 있다"고 주장하였다. 반면, 반대 의견을 가졌던 판사는, "어린이를 해로운 치료적 수행으로부터 보호하는데 강한 관심을 가진다"고 하였다. 상담치료사 측 변호사는 이 승소를, 사람들로 하여금 정부의 검열로부터 자유롭게 상담을 선택할 수 있게 하는 "거대한 승리"(a huge victory)라 하였다.

---

[173] Stempel J. (2020). Florida bans on conversion therapy for children voided by U.S. appeals court. Reuter NOVEMBER 21, https://www.reuters.com/article/us-usa-conversion-therapy-idUSKBN28029C

VII
자연적 전환

동성애는 자연적으로 이성애로 바뀌기(spontaneous Change)[174]도 한다. 이를 성적 지남의 유동성(fluidity)이라 한다. 성지남의 유동성은 동성애가 전환될 수 있다는 가능성을 의미하므로 대단히 중요하다. 동성애 옹호자들이나 전문학술단체들은 한사코 이 유동성의 증거들을 외면하려고 하였으나 이제는 인정하지 않을 수 없게 되었다. 청소년[175]과 여성에서 유동성이 더 강하다.[176] 다른 치료 중에 우연히 동성애가 바뀌는 경우도 보고되고 있기도 하다.[177] 당연히, 탈동성애 했다가 다시 동성애자로 돌아간 예(ex-ex-gay)들도 있다.[178]

미국의 정신과의사이며, 정신분석가이고 물리학자인 Jeffrey B Satinover는 동성애 내지 성지남은 변화할 수 있다는 것은 부인할 수 없는 진실이라고 말한다.[179] 그의 비판에 의하면, 정신건강 관련 단체들의 일부 지도적 전문가들은, 일종의 "길드"(guild)(상업적 동업조합)를 형성하여, 자신의 아카데믹한 권위를 바탕으로 동성애에 대해 거짓말하고 있다. 그 길드의 목표는 진실보다 (학술적 자료를 선택적으로 사용하여 또한 전환치료에서 전적(100%)인 전환이라는 기준을 사용하여) 오로지 공공과 법정에서 어느 집단이 옳은가에 대한 "비전"(秘傳)의 논쟁으로 끌어들이는데 있는 것 같다. 그들은 자신의 주장했던 말을 다른 식으로 표현하는 방법으로 반복 주장한다.

그러나 최근의 모든 입수가능한 자료는 "성지남"(sexual orientation)은 하나의 특성(trait)로서 그 불안정성은(유동성은) 평생에 걸친 하나의 방향성을 갖는데, 그것은 규범적 이성애를 향한다는 것이다."라는 관점을 확인해 주고 있다.

174 Diamond LM, Rosky C (2016). Scrutinizing immutability: Research on sexual orientation and its role in U. S. legal advocacy for the rights of sexual minorities. The Journal of Sex Research. Advance online publication. doi: 10:1080/00224499.2016.1139665
Diamond LM. (2008). "Female bisexuality from adolescence to adulthood: results from a 10-year longitudinal study". Developmental Psychology. 44 (1): 5-14. doi:10.1037/0012-1649.44.1.5. PMID 18194000.
Mock SE, Eibach RP (2012). Stability and change in sexual orientation identity over a 10-year period in adulthood. Arch Sex Behav 41(3):641-8.
Katz-Wise SL. (2015). Sexual fluidity in young adult women and men: Associations with sexual orientation and sexual identity development. Psychology & Sexuality, 6, 189-208. doi: 10.1080/19419899.2013.876445
Katz-Wise SL. Hyde JS. (2015). Sexual fluidity and related attitudes and beliefs among young adults with a same-gender orientation. Archives of Sexual Behavior, 44, 1459-1470. doi: 10.1007/s10508-014-0420-1
Remafedi G, Resnick M, Blum R, Harris L(1992). Demography of Sexual Orientation in Adolescents. Pediatrics 89:714-721
Manley MH, Diamond LM, van Anders SM. (2015). Polyamory, monoamory, and sexual fluidity: A longitudinal study of identity and sexual trajectories. Psychology of Sexual Orientation and Gender Diversity, 2, 168-180. doi: 10.1037/sgd0000107
Miles Q. Ott et al. (2013). Repeated Changes in Reported Sexual Orientation Identity Linked to Substance Use Behaviors in Youth, Journal of Adolescent Health 52(4):465-472,
Kinnish, K.K.; Strassberg, D.S.; Turner, C.W. (2005). "Sex differences in the flexibility of sexual orientation: a multidimensional retrospective assessment". Archives of Sexual Behavior. 34 (2): 173-183. doi:10.1007/s10508-005-1795-9.
Ott MQ, Corliss HL Wypij D, Rosario M, Austin SB. (2011). "Stability and change in self-reported sexual orientation identity in young people: application of mobility metrics". Archives of Sexual Behavior. 40: 519-532. doi:10.1007/s10508-010-9691-3.
Savin-Williams RC, Ream GL. (2007). "Prevalence and stability of sexual orientation components during adolescence and young adulthood". Archives of Sexual Behavior. 36 (3): 385-394. doi:10.1007/s10508-006-9088-5.
Savin-Williams RC, Joyner K, Rieger G. (2012). Prevalence and stability of self-reported sexual orientation identity during young adulthood. Archives of Sexual Behavior 41:1-8.
Bailey M(2009). What is Sexual Orientation and Do Women Have One? Nebr Symp Motiv 54:43-63. 43-63;
Peplau et al., "The Development of Sexual Orientation in Women," 70-99.
Phelan JE, Whitehead N, Sutton PM.(2006). What Research Shows: NARTH's Response to the APA Claims on Homosexuality. A Report of the Scientific Advisory Committee of the National Association for Research and Therapy of Homosexuality. J Human SEX 1:1-121.
Santero PL, Whitehead NE, Dallesteros D. (2016). Effects of Therapy on U.S. Men who have Unwanted Same Sex Attraction. Manuscript submitted for publication.
Pela C, Nicolosi J. (2016). Clinical outcomes for same-sex attraction distress: Wellbeing and change. Paper presented at the Christian Association for Psychological Studies conference, Pasadena, CA.
Mayer LS, McHugh PR. (2016). Sexuality and Gender. Findings from the Biological, Psychological, and Social Sciences The New Atlantis. The Journal of Technology and Society Number 50; Fall, www.TheNewAtlantis.com

175 Remafedi G, Resnick M, Blum R, Harris L (1992). Demography of Sexual Orientation in Adolescents. Pediatrics 89:714-721

최근의 한 자료[180]도 여전히, 동성애 전환치료는 건강전문가, 종교인, 공동체, 등에 의해 광범위하게 수행되고 있지만, 효과가 없고, 육체적 정신적 고통만 야기하며, 장기적으로 해롭다고 스테레오타잎적으로 주장한다. 이건 천만의 말씀이다. 지금이 어떤 세상이라고, 어떤 정신과의사나, 정신치료자나 상담가가, 육체적 정신적 고통만 야기해 가며, 장기적으로 해가 되는 식으로 치료할까? 악의적 단순화이다.

---

176 Diamond LM. (2008). "Female bisexuality from adolescence to adulthood: results from a 10-year longitudinal study". Developmental Psychology. 44 (1): 5-14. doi:10.1037/0012-1649.44.1.5. PMID 18194000.

177 Wolpe J. (1969). The practice of behavior therapy. New York: Pergamon.
Fluker J. (1976). A 10-year study of homosexually transmitted infection. British Journal of Venereal Diseases 55:155-160.
Cameron P, Crawford J. (1985). Sexual orientation and sexually transmitted disease. Nebraska Medical Journal 70:292-299.
Nicols M. (1988). Bisexuality in woman: Myths, realities and implications for therapy. Women and Therapy 7(2-3):235-252.
Shechter RA. (1992). Treatment parameters and structural change: Reflections on the Psychotherapy of a male homosexual. International Forum of Psychoanalysis 1:197-201.
Michael RT, Gagnon JH, Laumann EO, Kolata G. (1994). Sex in America: A definitive survey. Boston: Little, Brown.

178 Bradshaw, K., Dehlin, J. P., Crowell, K. A., & Bradshaw, W. S. (2014). Sexual orientation change efforts through psychotherapy for LGBQ individuals affiliated with the Church of Jesus Christ of Latter-Day Saints. Journal of Sex & Marital Therapy. Advance online publication. doi: 10.1080/0092623X.2014.915907
Flentje, A., Heck, N. C., Cochran, B. N. (2013). Sexual reorientation therapy interventions: Perspectives of ex-ex-gay individuals. Journal of Gay & Lesbian Mental Health, 17, 256-277. doi: 10.1080/19359705.2013.773268.

179 Satinover JB. (2015). The "Trojan Couch": How the Mental Health Associations Misrepresent Science. National Association for Research and Therapy of Homosexuality.
https://akacatholic.com/wp-content/uploads/2015/01/TheTrojanCouchSatinover.pdf

180 Alempijevic D, et al. (2020). Statement on Conversion Therapy. Journal of Forensic and Legal Medicine 72(2):101930. DOI:10.1016/j.jflm.2020.101930

VIII
동성애 확인 정신치료

1
정의

게이 확인 정신치료(gay affirmative psychotherapy)는 동성애를 옹호해 주는 치료이다. 즉 동성애자나 양성애자들의 성지남에 관련하여, 동성 끌림에 대해 이성애로 바꾸려 하지 말고, 제거(금욕)하지 말고, 동성애 욕구나 행동을 줄이려 하지 말고, 자신을 그대로 받아들이게 하고, 본인의 평안함에 초점을 둔 정신치료 기법이다.[181]

1982년 임상심리학자 Alan K. Malyon이 제안한 기법[182]으로, 그는 동성애자였다.

---

181 American Psychological Association. (2011). Guidelines for Psychological Practice with Lesbian, Gay, and Bisexual Clients.
https://www.apa.org/about/policy/psychological-sexual-minority-persons.pdf
182 캘리포니아 심리학회의 임상 및 전문심리학 분과의 회장이었고, 미국심리학회의 the Society for the Psychological Study of Lesbian and Gay Issues의 창설자(차기회장) 이었다. 동성애 내담자치료 가이드라인 개발 특별위원회(task force for developing guidelines for working with lesbian and gay clients) 공동 위원장이었다.

확인치료에서 확인이란 동성애나 양성애는 정신장애가 아니라는 것이다. 따라서 당연히 동성애를 옹호하는 사람들은 전환치료를 반대하고, 대신 게이확인치료를 주장한다.[183]

동성애 유동성이 확실히 인정됨에 따라 요즘은 동성애 정체성은 바꿀 수 있어도 동성 끌림은 바꿀 수 없다고 주장한다.[184]

---

183 DeLeon PH. (1997). Proceedings of the American Psychological Association for 1997. American Psychologist 53:882-939.
184 APA Task Force on Appropriate Therapeutic Responses to Sexual Orientation. (2009). Report of the Task Force on Appropriate Therapeutic Responses to Sexual Orientation. Washington, DC: American Psychological Association.
https://www.apa.org/pi/lgbt/resources/therapeutic-response.pdf

2
기법

　게이확인치료자는 동성애에 관련된 스티그마, 편견, 차별, 폭력 등을 극복하도록 돕는다. 실제로 어떻게 하는지에 대한 가이드는 일반 정신치료기법이나 상담기술과 크게 다를 바 없다. 당연히 게이확인치료자들은 동성애 내담자에게 전환을 추천하거나 시도하지 않는다.

　대신 게이 확인치료에서도 기법적으로는 인지행동치료 기법들이 권장되고 있다.[185] 즉 커밍아웃을 지지하고 격려한다. 게이 퍼레이드, 시위, 국회에 보내는 이메일 운동, 등등은 가치있는 노력으로, 이에 참여하라고 조언한다. 자신이 게이임을 긍정적으로 보는 마음을 다른 사람들에

---

[185] Iwamasa, Gayle I. (2019). Culturally responsive cognitive behavior therapy: Practice and supervision., 2nd ed. American Psychological Association. pp. 287-314.
Craig S. (2012). Gay Affirmative Cognitive Behavioral Therapy for Sexual Minority Youth: A Clinical Adaptation. Clinical Social Work Journal. 41(3):258-266.
Safren S. (2001). Cognitive-behavioral therapy with lesbian, gay, and bisexual youth. Cognitive and Behavioral Practice 8(3):215-223. doi:10.1016/S1077-7229(01)80056-0.

게 보여주라고 한다. 동시에 치료자가 동성애에 가해지는 스티그마가 얼마나 동성애자에게 해로운지 깊이 이해해야 하고, 다른 사람들도 이해시켜야 한다고 말한다.

가족에 대해서도 확인해주는 치료를 한다.[186] 즉 가족들에게도 "다양성"을 교육하는 것이다.

동성애 옹호자들이나 확인치료를 하는 사람들은 동성애 경향성을 보이는 소아청소년들을 적극적으로 지지할 것이다. 말하자면, "그래 넌 다른 아이들과 다른 모양이구나, 계속 추구해 보거라,"라고 한다,

동성애자들이 나타내는 힘이 사회에서 인정받도록 하기 위해 노력하도록 권한다. 예를 들어 정직한 삶, 타인을 돕기, 나누기, 친구되기 등을 가치있는 노력이라고 하며 권장한다. 즉 동성애자들이 사는 모습은 세상이 받아들일만 하다는 것을 보여 주라고 한다. 멘토가 되고, 자원봉사자가 되고 사무실을 운영하라고 한다. 세상을 더 보다 좋은 것으로 만들기 위해 전체 자기를 한 도구로 사용하라고 권고한다.

---

186 Pachankis J. (2019). Handbook of Evidence-Based Mental Health Practice with Sexual and Gender Minorities. Oxford University Press. pp. 115-145.

1. 종교적 고려

많은 경우 동성애가 자아이질적인 이유는 그들의 종교적 신념 또는 가족의 종교적 신념과의 갈등 때문이라고 본다. (여기서 종교는 기독교이다) 따라서 종교적인 신앙 때문에 갈등하는 경우는 신앙과 동성애 간의 갈등을 통합할 다른 방법을 사용한다.[187] 확인치료자들은 그런 동성애자의 갈등은 하나님과의 갈등보다 교회, 교인들과의 갈등 때문이라고 주장한다. 게이확인치료자는 교리나 신앙을 건드릴 수 없기 때문이다. 따라서 확인치료자는 내담자와 주변 사람들과의 관계를 잘 중개해야 한다고 본다. 그 방법은 자각, 세속적 방법을 찾기, 및 가족간의 대화 증진이다.[188]

신앙과의 갈등이 너무 심한 경우 확인치료가 어렵다. 그래서 미국심리학회는 금욕을 조언하지도 거부하지도 말도록 한다. 즉 확인도 전환도 조언하지 않도록 한다는, 애매한 방법을 사용한다.[189]

한편 개인(private) 상담가들로서 LGBTQ+ 사람들을 대상으로 기독교적 내지 영적으로 도운다면서, LGBTQ+를 인정해주고 기독교 신앙과 조화되게 해주고 우울증이나 불안장애를 치료해준다는 사람들이 있다.[190]

---

[187] Haldeman D. (2004). When Sexual and Religious Orientation Collide:Considerations in Working with Conflicted Same-Sex Attracted Male Clients. The Counseling Psychologist 32(5):691-715. doi:10.1177/0011000004267560.

[188] Etengoff C, Daiute C. (2015). Clinicians' Perspective of the Relational Processes for Family and Individual Development During the Mediation of Religious and Sexual Identity Disclosure. Journal of Homosexuality. 62(3):394-426. doi:10.1080/00918369.2014.977115.

[189] American Psychological Association(2009). Appropriate Therapeutic Responses to Sexual Orientation. Report of the American Psychological Association Task Force . https://www.apa.org/pi/lgbt/resources/therapeutic-response.pdf

2. 효과에 대한 연구

이 게이확인치료의 효과에 대한 임상적 연구보고서는 있는가? Wikipedia의 Gay affirmative psychotherapy 항목[191]의 관련문헌 목록에는 게이확인치료에 대한 임상적 연구논문은 없다. 이미 과거(2011년)에도 자신이 동성애자인 Susan Cochran은 게이확인치료의 효과를 검정하는 연구는 아예 하나도 없다고 비판하였다.[192] 지지하는 연구가 없는 치료방법은 권장되는 반면, 수많은 지지하는 연구논문들이 있는 전환치료를 부정하는 것은 모순이다.

그러나 내담자가 도저히 전환할 의도가 없고, 그러면서도 동성애에 대해 괴로워한다면, 확인치료가 고통을 줄이는데 도움이 될 수 있을 것이다.

---

190 https://www.arizonachristiancounseling.com/lgbtq-christian-counseling.html
191 https://en.wikipedia.org/wiki/Gay_affirmative_psychotherapy
192 Cochran SD (2001). Emerging Issues in Research on Lesbians' and Gay Men's Mental Health: Does Sexual Orientation Really Matter? American Psychologist November:932-947.

3
비판

　게이확인치료는 결국 인지행동치료의 일반적인 한계를 보여줄 것이다. 이는 동성애의 근본 원인인 내면의 문제를 건드리지 않으며, 인격의 성숙을 도모하지 않는다. (그 점에서 정신역동적 방법이나 회복치료와 다른 점이다) 게이퍼레이드라는 처방으로 화려한 무대를 연출한다고 해서 과연 동성애자들이 진정한 내면의 "프라이드"를 갖게 될 수 있을지 의문이 든다. 게이 확인치료에 대한 주장은 임상적 연구에 근거하기보다, "윤리적으로 그러듯 함"에 근거한다. 근본적 해결보다 갈등 무마 수준으로 보인다. 우리는 전환을 시도하는 것이 근본적 해결법이라 믿는다.

IX
치유상담가는 누구인가?

※ 이 책에서 말하는 치유상담가는 전문적 정신치료자(professional psychotherapist)를 의미한다.

1
자격

일반적으로 정신과의사, 정신간호사, 임상심리사, 사회사업사 등은 정신건강전문가(mental health professional)로 인정된다.

통상 전문적 정신치료자가 되기 위해서는 일정한 수준의 정신치료를 위한 전문적 교육훈련 과정[193]을 반드시 받아야 한다. 교육이란 일반적으로 대학원 석사과정에 해당한다. 국가마다 다소 차이가 있으며, 여러 형태의 모델들이 개발되어 있다. 그러나 핵심은 modeling, instruction, 및 feedback 이다.[194] 대개 6년이 소요되는데, 4년 공부, 2년 수련이다. 즉 인정받는 기관에서 수퍼비전 받으며 풀타임으로 수련받는다. (정신과 의사는 6-8년 공부, 4-5년 수련의 훈련) 연구경험을 수련기간에 포함시

---

193 Australian Psychological Society : Study pathways. www.psychology.org.au. Retrieved 2016-05-17.

194 Hill CE. Lent R. (2006). A narrative and meta-analytic review of helping skills training: time to revive a dormant area of inquiry. Psychotherapy: Theory, Research, Practice, Training, 43(2):154-172

키기도 한다.[195] 수련생과 그 수퍼바이저와의 상호관계(갈등 등)는 훈련의 효과에 중요한 영향을 미친다.[196] 그러나 최근의 한 메타분석은, 임상경험은 단지 임상 판단의 정확성에 약간 도움이 될 뿐이며, 상담자체의 질과는 큰 관련은 없다고 한다.[197] 교육수련 후 논문심사와 자격시험에 합격한 후 자격증(면허)를 획득한다.

목회자는 그런 교육과 훈련을 받았다고 볼 수 있다. 교사의 경우 석사과정을 통해 상담학을 교육받고 실습하였다면, 교사도 치유상담가로 활동할 수 있다고 본다.

일반인 특히 지도자급에 있거나 인격이 존경받을만한 분이, 경험에서 나온 조언(advice)을 하거나, 지도(guidance)나 상담(counseling)을 하는 것은 문제해결에 도움은 되지만, 체계적인 정신치료의 범주에서 제외 된다.

---

195 Norcross, J., Sayette, M., &Mayne, T. (2008) Insider's Guide to Graduate Programs in Clinical and Counseling Psychology. Guilford Press.
196 Ladany N. Inman A. (2008) Developments in counseling skills training and supervision. In: Brown, S.D. &Lent, R.W. Handbook of Counseling Psychology (4th ed.). John Wiley &Sons: New York. Westefeld, J.S. (2009). Supervision of psychotherapy: models, issues, and recommendations. The Counseling Psychologist, 37, 296-316.
197 Imel ZE. Wampold BE. (2008). The importance of treatment and the science of common factors in psychotherapy. In: Brown, S.D. &Lent, R.W. Handbook of Counseling Psychology (4th ed). New York: Wiley.

1. 크리스천 상담가(christian counselor)

기독교 세계관에 기초하여 전통적 정신치료(talk therapy)의 기법들과 기독교 신앙과 신학적 개념들 및 성경말씀을 통합한 상담을 하는 상담가이다. 크리스천 상담에서의 기법에는 기도와 성경읽기가 중요하지만 일반 정신치료 기법도 사용한다. 상담가의 교육훈련 배경에 따라 다양하지만, 대개 인지행동치료 기법이 주로 사용된다. 이 경우 Religious Cognitive Behavioral Therapy(RCBT)라 한다.

크리스천 동성애 상담에서도 중립성(neutrality)이 지켜져야 하는가? 저자 생각에는, 처음부터 기도로 시작할 수도 있으나, 치료동맹이 확립되기까지는 기술적으로 중립성을 지키는 것이 바람직하고 이후에는 같은 신앙으로 협력하여야 한다고 본다.

치유상담가는 자신의 치유 사명이 자신의 실력발휘나 명성에 있는 것이 아니라, 내담자의 행복에 있다는 사실을 명심해야 한다. 크리스천 상담가는 모든 성취가 하나님의 사랑과 은총 중에 일어난다는 것을 믿는다. 그리고 상담과 돌봄은 상담자 자신에게도 은혜가 됨을 믿는다. 믿고 감사하는 마음으로 사역하여야 한다.

기독상담가도 정신건강전문가로서 수시로 재교육받아야 한다. 그럼으로써 새로운 시대적 변화에 대응할 수 있다. 따라서 기독 전문가 단체는 새로운 과학적 증거들을 포함하는 새 교육을 제공하여야 한다.

2
기본적인 마음 가짐

① 무엇보다 인간에 대한 순수한 관심을 가진다.

② 누군가를 돕는 일에 건강한 동기를 가지고 있어야 한다. 상담해 주는 것을 상담자 자신의 욕구를 만족시키기 위한 방법으로 사용하면 안 된다. 치료자는 상담활동을 통해 자신의 부족감을 보상하려 하면 안 된다. 가장 흔한 잘못된 욕구는 내가 누구를 고쳐주겠다는 야심이다.

③ 자신이 먼저 건강하고 성숙하여야 한다. 무엇이 건강하고 성숙하다는 증거가 되는지에 대해 일정하게 말하기는 어렵다. 대체로 상담가는 복장, 매너 등에서 긍정적인 태도를 보여야 한다. 언동에 감정적 안정과 일관성을 보여야 한다. 내담자에 대해 권위를 내세우지 말고, 진실한(genuine, authentic) 관심을 갖고 대하여야 한다. 정신역동 이론에서 말하는 성숙한 방어기제에, 억제(suppression), 예기(anticipation), 승화(sublimation), 이타주의(altruism), 유머(humor) 등이 포함되는

데, 참고할 만 하다. 동성애를 상담하려 할 때는 보다 자신에 대해 엄격해야 하는데, 동성애 문제는 워낙 예민하기 때문이다.

④ 치료자와 환자는 현실에 기초하여 같이 문제해결을 위해 서로 믿고 협조 노력하는 치료동맹(therapeutic alliance) 관계를 형성해야 한다.

⑤ 치유상담가는 "참여적 관찰자"(participant observer)의 입장을 취한다. 이는 대화에 깊이 관여하되 객관적 태도를 유지한다는 의미이다. 일단 감정적으로 중립(neutrality)을 지킨다. 엄격한 치유상담가는 충고나 암시, 지시를 최소한으로 줄인다.

⑥ 치유상담가는 내담자에 대한 자신의 무의식적인 감정적 반응, 즉 역전이(countertransference)를 해결하고 있어야 한다.

1. 상담자의 자신에 대한 이해

동성애자 내담자를 상담하기 전에, 치료자는 자신의 성 문제에 대한 갈등을 해결하고 있어야 한다. 우선적으로 성정체성 장애, 성지남장애, 및 성도착장애를 해결하고 있어야 할 것이다. 성 장애도 해결하고 있어야 하는데, 예를 들어 성에 대한 수행불안, 성 불능, 자위, 성중독, 성에 대한 과도한 죄의식, 강박적 성 등을 말한다. 또한 부부갈등, 부모자식간의 갈등, 자신의 불륜 문제 등을 해결하고 있어야 한다. 여기서 해결이란 그런 성적 장애나 갈등이 완벽하게 없어야 된다는 의미가 아니다. 그런 상태란 현실적으로 불가능하다. 따라서 자신에게 그런 문제가 있음을 통찰하고, 그런 마음 상태가 치유상담의 과정에 영향을 미치지 않도록 통제할 수 있어야 한다는 것이다. 이런 문제들이 해결되어 있지 않으면, 전이, 역전이 등의 문제로 정신치료가 실패할 위험이 크다.

필자가 정신치료 수련 받을 때 선생님이 말씀하신 바가 교훈적이었다. 즉 아침에 부부싸움을 하고 출근했다면 그날은 환자를 보지 말아야 한다는 것이었다. 즉 부부갈등을 호소하는 내담자를 볼 때, 자신이 부부싸움을 하고 있는 중이라면, 자신의 부인에 대한 미움이 내담자의 부인에게로 향해 전이될 수 있다. 그 해결방법은 치료자는 그 순간 자신이 내담자의 부인에게 자신의 미움을 투사하고 있다는 사실을 통찰하고 있어야 한다는 것이다. 즉 내담자의 부부 문제를 해결함에 있어, 자신의 그날 기분이 영향을 미치지 않도록 해야 한다. 그게 어렵다고 느껴지면 그날은 상담하지 말아야 한다.

이러한 능력을 갖추기 위해 치유상담가는 공부하고 훈련받는다. 예를 들어 정신분석가는 자신이 건강하고 성숙해지기 위해 훈련분석(training analysis)을 받는다. 정신과의사는 정신치료 훈련에서 수퍼비젼을 받는다. 전문가 자격을 얻은 이후에도 때때로 다른 정신치료자로부터 자신의 가능한 문제점에 대해 분석이나 상담을 받는다. 평소에 동료나 선배나 선생님과 수시로 대화하며 조언을 받아야 한다. 정신건강 전문가들 이외 다른 분야의 사람들과도 만나며 좋은 인간관계를 갖는다.

2. 선입견을 선해결함

치유상담자는 내담자의 신분이나 상담 주제에 대한 선입견을 해결하고 있어야 한다. 비어있는 마음으로, 깨끗한 거울로서, 또는 무색의 투명한 안경으로 내담자를 보아야 한다.

치료자가 동성애가 죄이며, 부도덕한 것이고, 잘못된 것이며, 또는 정신장애로 믿는다고 내담자가 판단하는 순간 그는 다시 오지 않을 것이다. 치료자 개인적 신념이 어떠하더라도 상담에 임할 때는 그런 신념을 "선입견"으로 취급하고, 상담에 영향을 주지 않도록 상담 과정 밖으로 밀어둘 수 있어야 한다. 최소한 내담자가 볼 때, 치료자의 마음에 선입견이 없다는 믿음을 주어야 한다. 목회상담이라 하더라도 일단 이 원칙은 지켜져야 한다. 비어있는 마음으로 내담자의 말을 듣고 그대로 되비추어 주는 태도를 가져야 한다. 그래야, 치료자는 내담자의 진정한 마음을 알 수 있게 되고, 이를 내담자에게 반영해 줌으로 내담자도 진정한 자신을 알게 될 수 있다.

치료자가 가져야 할 태도의 핵심은, 동성애에 대해 가치판단의 측면에서 내담자의 눈에 치유상담가는 중립적으로 보여야 한다는 것이다. 치료자의 진심은 동성애를 반대하여도, 치유상담을 받으러 온 내담자에게는 가치 중립적이어야 한다. 그래야만 내담자는 자신에 대한 진실을 드러낼 수 있게 된다. 이해도 감정이입도 중요하지만, 그것은 어디까지나 가치 중립적 범위 내에서라야 한다.

공감이나 이해의 표시가 동성애 옹호로 받아들여지면 그것은 의도와 다르게, 동성애 확인치료(gay affirmation therapy)가 된다. 예를 들어 "어떻게 해서 당신이 동성애자가 되었는지 이해하겠다. 그렇다면 앞으로도 어쩔 수 없을 것 같다는 생각이 듭니다만..."라는 식으로 흐르면 전환치료가 되기 어렵다. 반면 공감이나 이해의 표시가 동성애 반대로 받아들여지면, 내담자는 이해받지 못한다는 점에서 일단 거부감을 가질 수 있다. "어떻게 해서 당신이 동성애자가 되었는지 이해하겠다. 그렇다면 이제 동성애를 이겨내야죠"라고 한다면, 더 이상 더 깊은 내면의 문제를 말하기 어렵게 된다.

따라서, "어떻게 해서 당신이 동성애자가 되었는지 이해하겠다. 자, 그러면 무슨 말을 하고 싶으십니까?" 라는 식으로 개방된 질문을 함으로 대화가 이어지는 것이 좋다.

치유 상담을 종결하기까지에도 중립적 태도를 유지하는 것이 좋다. 내담자가 자신이 치유상담가에게 설득당했다고 느끼기보다, 스스로 통찰하고 판단하여 동성애에서 벗어났다고 생각하도록 해야 한다.

3
충분한 지식

만일 치료자가 성지남 변화가 가능하다고 믿는다면, 평소에 그 주제에 대해 충분히 공부를 해 두는 것이 윤리적이다. 공부를 통해 치료자는 다음과 같은 점에서 자신을 믿을 수 있는 수준이 되어야 한다: 즉 자신이 동성애 문제에 정통하다는 것, 다양한 이론들을 앎으로 비판단적 치료분위기를 조성할 수 있는 능력이 있다는 것, 그리고 동성애 문제를 불편하게 여기지 않고 토론할 수 있다는 것 등.

1. 상담관련 학파

동성애와 그 치료에 대해 수 많은 학파들이 있다. 각 학파는 나름 독특한 기본적 인간관, 행동에 대한 이론, 치료자 또는 상담자의 역할, 치료기법, 등등을 가지고 있다. 정신치료 관련 학파를 크게 분류하면, 정신분석과 그에 근거하는 역동이론과 역동정신치료, 학습이론과 행동치료, 인지이론과 행동치료기법을 통합한 인지행동치료, 등이 있다. 그 외 상담이론에 내담자중심치료가 유명하고, 기타 서사치료, 게슈탈트치료, 실존주의적 치료, 긍정심리학, 등등이 있다.

치유상담가는 처음에는 특정 학파의 이론과 치료 모델을 선택하여 충분히 공부하고 수련함으로 자신만의 방법에 숙련되는 것이 좋다. 그 후 경험을 쌓으면서 다른 학파의 이론과 치료기법을 자신의 방법에 통합해 나갈 수 있을 것이다.

4
윤리적 고려

미국의 두 APA는 동성애가 "정상"이기 때문에 윤리의 이름으로 전환을 위한 모든 형태의 치료를 금지한다. 치유상담가는 그런 윤리코드가 무슨 의미인지 왜 그런 요구가 있는지에 대해서는 이해하고 있어야 한다. 그러나 모든 치료행위에는 (수술이든 약물이든, 정신치료든) 부작용이나 합병증이 있을 수 있다는 것도 이해해야 한다. 그렇다고 치료가 필요한 사람에 대한 치료를 그만둘 수는 없다. 우리는 최대 노력을 기울여 치료 부작용을 줄여야 한다. 그래서 일단 모든 치료 행위에는 사전에 "설명 후 허락"(informed consent)이라는 과정을 두고 있다.

1. 설명 후 허락(informed consent)

의료윤리 또는 의료법에 의해 환자가 어떤 의료시술을 받기로 결정하기 전에 충분한 정보와 이해가 있어야 한다는 원칙이다. 제공하여야 할 정보란 치료의 이익됨과 위험, 대안적 치료의 제시, 치료에 대한 환자의 역할과 협조, 거절할 권리, 치료 중간이라도 그만 둘수 있는 권리 등이다. 설명후 허락을 받을 능력이 없는 경우 (응급시, 미성년자, 지적 장애가 있을 때 등) 보호자가 대신한다.

설명후 허락이 유효하려면 다음 세가지 요소가 포함하여야 한다[198]:

① 공개(disclosure) - 자율적 결정을 하기 위한 정보를 제공하고 이를 환자(내담자)가 충분히 이해하여야 함 (따라서 설명후 허락의 문장이 보통 사람이 이해하기 쉽게 쓰여져야 한다.
② 능력(capacity) - 환자(내담자)는 제공된 정보를 이해하고 자신의 결정의 가능한 결과에 근거한 합리적 판단을 내릴 능력이 있어야 함.
③ 자발성(voluntariness) - 환자(내담자)는 강제, 조작 또는 부당한 영향 같은 외부의 압력에 사로잡힘 없이 자유로운 결정을 할 권리가 있다.

---

198 Faden RR, Beauchamp TL. (1986). A History and Theory of Informed Consent. New York: Oxford University Press.
Beauchamp TL, Childress JF. (1994). Principles of Biomedical Ethics (Fourthed.). New York: Oxford University Press.

5
상담 의자에서는

1. 안전한 환경 조성

내담자가 편안하게 느끼고, 감정을 표현할 수 있고, 그리하여 자신의 문제를 인식하게 되고 치료과정에 능동적으로 참여하게 만들어야 한다.

① 존경(respect) - 치료자는 내담자를 인격적으로 존중하여야 한다.
② 따뜻한 태도(warmth) - 치료자는 내담자에 대해 따뜻하고 친절한 태도를 가져야 한다.
③ 긍정적 전망(positive regard) - 치료자는 내담자의 상담에 임함에 있어 긍정적 태도를 가져야 한다.

2. 자신을 밝히는 문제(therapist self-disclosure)

치료과정에서 치유상담가가 동성애자이든 이성애자이든, 자신의 성적 정체성을 내담자에게 미리 말해야 하는가, 끝내 숨겨야 하는가, 질문하면 그때 밝힐 것인가, 등에 대해 미리 생각해 두어야 한다. 결론은 상황에 따라서 다르다는 것이다. 상당수 동성애자는 동성애자인 상담가가 자신을 더 잘 이해해 주리라고 기대한다. 그러나 반드시 그렇지는 않다. (이런 일은 치유상담자가 남자냐, 여자냐, 또는 크리스천인가 무신론자인가 하는 문제에서도 마찬가지이다.)

정신분석에서는 전통적으로 동성애자가 정신분석가가 되는 것을 금지하였다. 그러나 사회적 분위기가 바뀌면서 동성애자도 정신분석 훈련 과정에 입학하는 것을 허용하는 연구소들이 생겨났다. 그러나 일반적으로 상담가가 자신의 성적 정체성을 밝히지 말도록 조언하는데, 이는 중립성을 위해서이다. 중립성에서 순수한 전이가 일어나기 때문이다. 그러나 전이는 치료자의 정체성과 상관없이 나타난다고도 한다. 그래도 자신을 밝히지 않는 것이 좋다고 하는데, 치료자의 사생활을 알면 환자가 부담을 갖기 때문이다. 이 경우는 치료자와 내담자 사이에 경계(bounary)를 지키는 것이다. 한편 치료자가 정체성을 말하지 않는 것은, 상담가가 당연히 이성애자 시스젠더라고 인식하게 만듦으로, 환자를 속이는 (gaslighting) 것이라는 견해도 있다.[199]

핵심은, 상담가의 성적 정체성에 대한 내담자의 의문을 치유상담을 위한 대화에 사용될 수 있다는 점이다. 즉 왜 내담자가 상담가의 성적 정체성에 관심을 갖는가, 치료자가 동성애자라면 왜 좋은가, 아니면 왜 달라야 하는가, 어느 경우든, 왜 그렇게 생각하는가, 등등에 대해 대화해야 한다. 이

---

199 Isay RA: The homosexual analyst. clinical considerations. Psychoanal Study Child 1991; 46:199-216

로서 내담자 자신의 정신상태에 대해 많은 것을 이해(통찰)할 수 있다.

전통적 정신분석은 환자는 분석가의 정체성에 대해 모를수록 좋다고 하며, 분석가는 끝내 자신을 밝히지 말라고 조언한다. 분석가는 피분석자에게 (분석가의 의견이 아니라) 오직 환자의 모습만을 반영해 주는 깨끗한 거울과 같은 태도를 보임으로 환자가 자신의 모습을 가감없이 통찰하게 해 두어야 한다고 말한다.[200]

그러나 현대 상담이론에서는 그렇게 엄격하게 요구하지 않는다. 현재 미국의 사회문화적 풍토에서는 내담자와 상담가가 동네 게이바에서 만날 수 있으므로 미리 밝혀 두는 것도 좋다.

3. 전문성 경계(professional boundary)

정신치료는 학파가 무엇이든 간에 전문적 관계로서 무엇보다도 환자를 돕는 것에 초점이 맞추어져 있다. 이를 위해 치료적 체계(therapeutic frame) 내지 전문성 경계가 제시되어 있다. 여기서 경계란 윤리적·전문적 행위의 특징인 전문적 거리두기와 존중을 말한다. 그러나 개인화된 치료를 위해 어느 정도의 융통성을 허용하는 것도 포함한다. 그러나 경계의 위반(boundary violations) 역시 중요하다. 따라서 환자의 안전이 위협되지 않도록 양자관계(dual relationships), 자신의 공개(self-

---

[200] Freud S. (1958). Recommendations to Physicians Practicing Psycho-Analysis. Standard Edition of the Complete Psychological Works of Sigmund Freud, vol 12. London, Hogarth Press.

disclosure), 환자와의 성관계 등 전문적 행위와 경계에 관련된 윤리적 지침이 마련되어 있다.

X
치료적 정신교육

1
청소년들의 흔한 질문과 대답

단순한 공개적인 질문에 대한 대답으로서 치료적 정신교육(psycho-education)의 목표를 달성할 수 있다. 이런 내용은 개인 상담에서도 교육적 조언으로 사용될 수 있다. 그러면서도 앞서 말한 치유상담가로서의 윤리적 태도는 지켜야 한다.

Q. 동성 친구에 대한 우정과 동성애의 경계는 무엇인가요?

우정과 동성애는 완전히 다릅니다. 동성애는 동성애 대한 성적 흥분 또는 성적 끌림, 동성애 행동 또는 동성애 환상) 그리고 동성애자로서의 정체성을 가지고 있는 상태입니다. 우정에는 그런 성적인 것이 없습니다.
우정이나 동성애도, 서로 좋아하고, 사랑하고 그리워하고, 보고 싶고, 같이 있고 싶고, 질투도 하고 등등에서는 공통입니다. 그러나 성적인 것, 에로틱한 것들을 느끼고 그에 따라 행동하면 동성애입니다. 동성간(남자끼리 여자끼리) 우정을 느끼는 것에 성적인 것이 끼어들 필요가 전혀 없습니다. 우정에 성적인 것을 개입시키면 우정은 잃게 됩니다.

Q. 친한 동성 친구에 대하여 미묘한 마음을 느끼는 것은 잘못된 것일까요?

미묘한 느낌이란 어떤 것인지요? 그냥 호감이 가고 같이 친해지고 싶은 마음도, 처음으로 그런 것을 느끼면, 묘하게 느껴집니다. 처음으로 진정한 우정을 느끼면 신기할 수 있습니다. 강한 우정도 가슴을 뛰게 합니다. 그런데 그 묘한 느낌이 성적일 수도 있는데, 몸이나 성기를 만지고 싶은 느낌, 성기가 발기가 되는 느낌, 그런 미묘한 마음이라면 동성애적입니다. 이를 동성 끌림이라 합니다.

친한 친구에 대해 미묘한 느낌이 있다는 것은 잘못된 것은 아닙니다. 그러나 그 느낌이 확실히 "성적"인 것이라면 이는 자연스럽지 않은 것입니다. 그 친구도 싫어 할 것입니다.

우정과 동성애는 완전히 다른 것

둘이 서로 좋아해도, 동성애를 하는 환상이 없거나 성기반응이 없다면 동성애가 아닙니다. 우정이 깊어 껴안거나 같이 딩굴거나 하면서 서로 몸이 닿는 경우가 있는데, 묘한 느낌이 드는 것은 자연스러울 수 있습니다. 왜냐하면 자극이 있으면 우리 몸은 자연스럽게 흥분할 수도 있기 때문입니다. 이때 예민한 사람은 일반적인 즉 무성적인 자극에 몸이 반응하면 이게 성적인가 또는 동성애 때문인가 하고 두려움을 가질 수 있습니다. 이게 묘한 느낌이 아닐까요?

어쨌든 우정이 깊어도 의도적으로 성적인 것을 시도하면 동성애처럼 될 수 있으므로 삼가는 것이 좋습니다. 어쩌다 장난으로 또는 모험하는 기분으로 동성애 흉내를 내보는 청소년들이 있으나, (키스하거나 성기를 만지거나 등등) 이 또한 하지 마십시오. 운동(축구, 배구, 수영 등)하다가 우연히 동성끼리 몸을 부딪치는 경우도 자연스럽게 생각하여야 합니다.

Q. 동성 친구에게 친구 이상의 묘한 감정이 느껴져요, 저의 성정체성은 동성애자인가요?

"친구 이상"이란 뜻이 무엇인지? "묘한 감정"이라는 것이 어떤 것인지에 대한 좀 더 구체적 설명이 필요합니다. 아마도 친구라기보다 애인이라는 느낌인지요? 아마도 "친구 이상"이란 애인으로 말하는 것 같습니다. 아마도 동성 친구를 성적 대상으로 본다는 의미겠지요. 그렇다면 이는 동성애를 의미합니다. 그러나 그 묘한 느낌이 전에 모르던 새로운 느낌이라면 새로운 강한 우정 때문일 수도 있습니다. 진정한 친구를 만나면 흥분되지요. 가슴이 벅차고 신납니다.

Q. 진정한 친한 친구를 알게 되어 신나고 흥분되는 느낌을 동성애로 오해해서는 안됩니다.

우리는 놀라거나 불안해도 가슴이 두근대고 숨이 가빠지고 몸에 긴장이 옵니다. 예를 들어 남자끼리 또는 여자끼리 장난하다가 또는 운동하다가 맨 몸이 닿거나 성기를 타치하거나 하면 놀라기도 하는데, 이때 자율신경계 자극이 되어 가슴이 뛰고 숨이 가빠지고 긴장될 수 있습니다. 이런 것은 단순 신체반응 또는 자율신경계 반응이라 할 수 있습니다. 이성애자이든 동성애자이든 자율신경계 반응은 감정반응, 즉 기분을 일으킵니다. 따라서 단순히 동성끼리 부딪쳐서 가슴이 두근대고 숨이 가빠지고 몸이 긴장된다고 해서 모두 동성애가 아닙니다.

그러나 동성을 만났을 때 성기가 발기되려 한다는 현상이 있다면 이것은 "성반응"이고, "동성애적"이라 할 수 있습니다. 동성애자들은 일반적 신체반응도 성적으로 느끼는 경향이 있습니다. 그래서 그런 묘한 기분 또는 성적 흥분을 느껴보려고 일부러 동성끼리 맨몸을 닿게 하거나 성기를 만지려고 시도합니다.

일시적으로, 한때, 호기심으로, 재미로, 장난으로, 색다른 경험을 해보려고 그런 행동을 한다면 아직 그 사람을 동성애자라고 할 수 없습니다. 그런 사람은 이성이 눈앞에 나타난다면 그런 동성애적 행동을 더 이상 할 이유가 없어지고 또 더 이상 안하게 됩니다. 따라서 그는 이성애자로 판명이 되고 더 이상 동성애자가 아닙니다.

이성이 몹시 그리운 청소년이 이성을 아직 사귀지 못하고 있을 때, 어떤 성적 욕구 때문에 동성 친구에 대해 만지거나 키스해 보거나 하는 등 실험적 행동을 해 볼 수 있습니다. 이것은 동성애 행동이지만 반드시 그가 동성애자는 아직 아닙니다. 일시적으로 그런 행동을 하다가 그만둘 수 있기 때문입니다.

그러나 동성애적 행동을 뚜렷하게 일관성 있게 나타내면 동성애자가 됩니다.

Q. 이성에게는 혐오감이 느껴져요. 전 동성애자인가요?

이성이든 동성이든, 또는 누구든 딴 사람에 대해 혐오감이 느껴지는 경우는 얼마든지 있습니다. 이성도 이성 나름일 수 있습니다. 어떤 이성에게는 혐오감이 안 느껴질 수도 있고, 어떤 이성에게는 무심할 수 있고, 어떤 이성에게는 호감이 느껴질 수도 있습니다. 같은 이성이라도 시간에 따라 분위기에 따라 혐오감을 느낄 수도 있고 호감을 느낄 수 있습니다. 모든 이성에 대해 혐오감을 느낄 수도 있습니다. 따라서 단순히 이성에 대한 혐오감이 느껴진다고 해서 동성애자라고 할 수 없습니다. 동성애는 호감, 혐오감 문제가 아니라 동성에 대해 성적 흥분(발기)을 느끼는가 아닌가 하는 것입니다.

따라서 성급하게 생각할 것 없고, 미리 단정하지 말고, 긴장하지 말고, 편안하게 마음을 열고, 여러 사람들을 만나면서 느껴보세요. 혼자보다 단체로 만나면서 자유롭게 어울려 보세요. 그러면 동성이든 이성이든 모든 사람들에게 호감을 가질 수 있습니다. 누구에게든 혐오감을 가지면 사회생활에서 어려울 수 있기 때문에 그런 마음을 빨리 고쳐야 합니다.

Q. 마음으로만 동성 친구를 좋아하는 건 죄가 아니지 않나요?

마음으로 동성 친구를 좋아하는 것은 절대 죄가 아닙니다. 우정은 아름답고 좋은 것이고, 평생을 친구로 지낼 사람을 만난다는 것은 행복한 일입니다. 친한 친구도 떨어져 있으면 보고 싶습니다. 친구를 그리워하고 보고 싶고 만나 같이 놀고 싶고 하는 것은 우정입니다. 오랜만에 만나면 포옹도 하지요. 이것은 동성애가 아닙니다 (중동지방에서는 남자도 친구를 만나면 으레 볼에 키스 합니다. 이건 동성애가 아닙니다. 그러나 입술 키스는 동성애적입니다)

동성애는 우정과 상관없이 동성에 대해 성적 흥분을 느끼는 것입니다. 오해하지 마세요.

동성친구와 놀면서 운동하다가 수영하다가 어쩌다 즐겁게 맨몸을 만지거나 껴안거나 하는데, 신나고 흥분되는 일입니다. 그러나 이런 행동은 동성애의 증거는 아닙니다.

그러나 의도적으로 어떤 성적 쾌감을 느껴보기 위해 일부러 맨몸을 쳐다보거나 만지거나 껴안거나 한다면 이는 동성애적일 수 있습니다. 더구나 키스를 한다거나 성기를 만진다면 이는 분명히 동성애 행동입니다. 성기를 만지면 상대방 성기는 흥분할 수 있습니다 (남자 성기는 아무 때나 무언가 닿으면 자극을 받아 흥분하여 발기할 수 있습니다) 그래서 동성이 만져서 성기가 발기한다고 그 사람이 동성애자 되는 것은 아닙니다.

동성애라고 진단하려면, 벗은 몸과 성기를 보려고 하고 만지고 흥분하고 발기할 때입니다. 동성에 의해 자극되어 자위를 하거나 항문이나 입에 삽입한다면 (그래서 사정한다면) 확실히 동성애 성교행동을 하는 것입니다. 이런 일을 자주 반복하면 동성애자입니다.

이런 동성애 행동도 한 동안 하다가 이성애 상대가 나타남으로 동성애 행동을 다시는 안하는 수도 있는데, 그러면 이는 그가 일시적 동성애를 했지만 본질적으로는 동성애자가 아니라는 것을 증명합니다.

동성애 행동이 있다고 해서 완전히 동성애자는 아닙니다. 왜냐하면 어쩌다 그런 행동을 하다가 저절로 없어지는 수가 많기 때문입니다. 일단 그런 행동을 해보다가 아차 싫어 안하면 그만입니다.

빨리 그런 행동을 그만 두는 것이 좋은데, 왜냐하면 동성애 행동도 그렇지만, 무슨 행동이라도 자주하면 습관이 되고 중독이 됩니다. 그러면 쉽게 그만 둘 수 없습니다. (쉽게 중독되는 행동에는 술마시기, 담배 피우기, 인터넷 중독, 게임중독, 도박중독, 마약중독 등등이 있습니다) 그래서 성경에는 나쁜 행동은 흉내라도 내지 말라고 교훈합니다.

Q. 동성애자이지만 육체적 관계를 갖지 않고 마음으로만 사랑한다면 상관 없는 거 아닌가요?

마음으로 사랑한다는 것은 무슨 뜻인가요? 사랑이라 하면 이성간 또는 동성간 사랑만 의미하는 것이 아닙니다. 부모자식간의 사랑도 있고, 친구 사랑도 있고, 나라 사랑도 있고, 학교 사랑도 있고, 교회사랑도 있습니다. 그 마음으로서의 사랑이 이성을 사랑하여 섹스를 하고 싶은 그런 종류의 사랑과 같은 사랑이라면 이는 동성애입니다.

마음으로 동성 친구에 성적으로 끌리지만 육체적 관계를 갖지 않는 것은 "금욕"하고 있지만, 동성애자입니다.

마음으로 동성 친구에 끌리지만 또 금욕하고 있지만, 육체관계를 상상하거나 그로 인해 성적 흥분을 느낀다면 당신은 동성애자입니다.

동성애자라도 금욕을 한다면 크리스천으로서 당연한 것입니다. 그러나 하루 빨리 동성애에서 벗어나야 합니다.

다른 동성애자들은 사랑하지도 않으면서 서로 항문성교나 구강성교, 상호자위를 할 수 있습니다. 이는 동성애 중독 상태입니다. 그런 사람들은 동성애자들이 모이는 곳에 가서 마음에 들면 즉각 아무하고나 동성애 행동을 합니다. 이것은 매우 나쁜 상태입니다. 이렇게 되어서는 절대 안됩니다. 이런 사람들은 동성애도 사랑이라고 말하지만 그런 행동은 사랑이 아닙니다. 쾌락에 중독된 것입니다.

이성애자들도 외도를 하거나 성적으로 문란한 행동을 할 수 있습니다. 이 역시 사랑의 행동은 아닙니다. 사랑은 책임과 헌신을 포함하는 행동입니다.

따라서 친구를 사랑한다면, 육체적 관계는 상상도 하지 마세요. 그 친구도 싫어할 것입니다.

Q. 친한 동성 친구와의 스킨십은 어디까지가 정상적인가요?

자연스러운 행동(어깨동무), 어쩌다 하게 되는 행동(툭 부딪치는 것 등), 단체 활동에서 다 같이 하는 행동(손잡기, 같이 딩굴기 등), 놀면서 또는 축구 야구하다가, 물놀이 하다가, 신나서 콱 껴안기 등등은 다 정상적입니다.

그러나 키스와 애무, 성기 만지기는 동성애적입니다. 앞서 말한 자연스런 행동도 성적 느낌이 있으면 동성애적입니다. 어디까지 정상인가 아닌가는 성적 느낌이 동반되는가 아닌가에 달려 있습니다. 아무리 친밀한 스킨쉽이라도, 성적 느낌이 없으면 동성애가 아닙니다.

성적인(묘한, 색다른) 느낌에 대한 욕구나 성적 호기심에서 일부러 스킨쉽을 해보려는 행동은 하지 마세요. 상대가 불쾌하게 느낄 수 있습니다. 상대가 뿌리치면 양 쪽 모두 마음이 상할 수 있고 이미 있던 우정이 깨어질 수 있습니다. 괜찮은 것 같아 (차마 거절하지 못해...) 자꾸 하다보면 습관적이 될 수 있고 점점 거절하기 어렵게 되고, 여러 사람에게 소문나고 나쁜 인상을 줄 수 있습니다.

Q. 주변에 피해를 주지 않는다면 동성애가 무슨 문제가 되나요?

주변이란 무엇인데요? 가족, 친구, 학교 아니겠습니까? 당신이 동성애를 한다고 해서 주변에 피해를 주지는 않습니다. 몰래 동성애를 하면 누구나 모르기 때문에 뭐라고 하는 사람이 없을 겁니다.

그런데 주변의 어떤 사람이 당신의 동성애를 알고 더럽다 나가라 한다면 당신이 그에게 피해를 준 겁니까 아니면 그 사람이 잘못된 겁니까?

당신이 동성애를 죄로 보신다면, 마음으로 동성애를 하는 것도 죄가 됩니다. 그러나 당신이 동성애를 죄로 보지 않는다면, 또 가족도 친구도, 이웃도 당신이 동성애 하는 것을 모른다면 그 누구도 문제삼지 않을 겁니다.

문제는 동성애를 계속하다보면 자신과 주변에 피해가 간다는 것입니다. 무엇보다 당신은 결혼을 안하게 되고 자식을 낳을 수 없습니다.

당신의 동성애가 사회적으로 알려지면 알게 모르게 차별을 받을 수 있습니다. 차별은 나쁜 거지만, 또한 차별은 현실입니다. 부모나 가족도 싫어하고 야단칠 수 있습니다. 친구들 사이에 알려지면 놀림이나 따돌림을 받을 수 있습니다. 결국 모두 당신에게서 멀어질 것입니다.

동성애 행위를 반복하면 점차 상대를 바꾸어 가면서 하게 됩니다. 그러면 자신도 모르게 성병에 감염되고 당신도 성병을 상대에게 옮깁니다. 항문이나 입으로 각종 병균이 옮겨져 간염, 등 전염병이나 패혈증이 퍼질 수 있습니다. (콘돔을 쓰라고 하지만 모든 경우에 콘돔을 쓰기 어렵습니다. 단 한번의 실수로 병이 옮습니다)

여러 사람간에 동성애를 하다보면 폭력적 문제가 발생합니다. 상대를 잘못 만나면 폭력을 당할 수 있고, 또 당신도 반격하게 될 겁니다. 그런 생활을 하다보면 알코올 중독에 빠지고, 마약에 손을 대게 되고 절망감을 갖게 됩니다. 죽고 싶어지기도 하지요.

동성애자들 중에 우울증, 불안장애, 자살, 알코올 중독 등이 많습니다. 동성애에 빠지게 되면 누구나 그렇게 될 가능성이 높아집니다.

사회적으로도 피해를 줍니다. 동성애 행위가 널리 퍼지면 그 문란성으로 인해 사회적 윤리가 파괴될 수 있습니다. 일부일처제적 가족체계를 파괴합니다. (인구가 줄어들 수 있습니다) 의료비도 문제입니다.

이런 걸 알고도 아무도 모르게 동성애를 해볼까 라고 생각하십니까? 빨리 그만 두는 것이 현명한 판단입니다. 그리고 이성친구를 사귀도록 해 보세요.

당신에게 신앙이 있다면 신앙에 문제가 생깁니다. 기독교 천주교, 이슬람교, 불교, 유교 모두 동성애를 금합니다.

따라서 호기심으로 굳이 동성애를 한번 해볼까 할 필요가 없습니다. 절대 그러지 마세요.

누가 나에게 그런 식으로 접근해도 응하지 말고, 그 친구도 말리세요.

Q. 저는 동성애자가 아닌데 SNS를 통해 모르는 사람과 동성애에 대한 상담을 자주해요. 제가 나중에 잘못되지는 않을까요?

무슨 "상담"을 한다는 건지요? 그 사람의 동성애를 말리는 겁니까? 지지해 주는 겁니까? 당신은 상담해 줄 무슨 자격이 있습니까?

"상담"을 어떻게 하는지 모르지만, 그런 상담같은 이야기를 한다는 것은 충분히 잘못될 수 있습니다.

잘 모르면서 이야기 하다보면 잘못된 정보를 배울 수 있습니다. 그러다가 한 번 나도 실제 해볼가 유혹을 받을 수 있습니다.

상대방은 아마도 동성애자일 것 같습니다. 당신을 유혹하려고 이야기 해보자 상담하자, 실제 만나서 이야기 하자 등등 핑계를 대면서 접근할 가능성이 큽니다. 따라서 아예 상대를 안하는 것이 좋습니다. 정말 상담을 원하는 사람 같으면 전문가에게 가라고 하세요.

성경은 악은 그 모양이라도 버려라라고 교훈합니다.
"범사에 헤아려 좋은 것을 취하고 악은 어떤 모양이라도 버리라"(데살로니가전서 5:19-22)

Q. 성정체성은 자신의 선택의 문제 아닌가요?

맞습니다. 성정체성은 내가 자기의지로 그렇게 생각하기로 결정하는 문제이므로 자신의 선택의 문제 맞습니다. 인간이라면 동물과 달리 본능(성적 끌림, 성행위...)에 매이지 않고 자신이 자유롭게 윤리적으로 선택하여 정할 수 있고 그리고 자신이 책임을 지는 능력이 있습니다.

물론 자기 의지로 동성애를 선택할 수 있습니다. 트랜스젠더를 선택할 수 있습니다. 그런데 왜 그렇게 선택하지요? 인간은 자연스럽게 남자,

또는 여자로 태어나고, 남자와 여자가 만나 결혼하고 자식을 낳아 가정을 이루고 삽니다. 이것이 자연의 법칙이고 하나님의 청조섭리입니다. 이를 거스리는 행동을 왜 선택합니까? 그럴 합당한 이유가 있는지요?

그냥 그렇게 생각된다면, 빨리 생각을 바꾸고, 남자로서 또는 여자로서 이성과 어울리고 사귀고 그렇게 하십시오.

동성애 정체성과 동성애 행동은 자신의 의지로 거부할 수 있습니다.

동성애 행동(스킨쉽, 키스, 성기 만지기, 항문성교 등등)도 하고 싶어지는 수가 있어도 안하기로 하면 얼마든지 참고 안 할 수 있습니다. 이것을 금욕이라 합니다. (금욕은 기독교에서 신앙생활의 한 형태로 긍정적으로 봅니다)

사람에 따라서는 동성애를 하면서도 일시적이다 잠깐 동안이다, 상황적이다 하면서 스스로는 여전히 이성애자라고 믿고 이성애 정체성을 유지하기도 합니다. 그래도 동성애 행동을 빨리 그만두는 것이 좋습니다.

동성 끌림은 보다 통제하기 어렵다고 하지만, 의지로, 치료로 또한 신앙으로 통제할 수 있다는 증거들이 있습니다.

동성 끌림, 즉 동성에 대해 묘한 성적 느낌이 일어나는 것, 가슴이 뛰거나 숨이 가빠 지거나 성기가 발기하거나 하는 몸의 반응은 자신이 어쩔 수 없이 나타나는 수가 많습니다. 의학적으로 이것도 자제하는 것을 되풀이 연습하면 없어질 수 있습니다. (이를 행동치료에서 "소거"((消去) extinction)라 합니다)

Q. 우정 이상의 마음으로 접근해오는 친구를 어떻게 대응해야 할까요?

우정 이상의 마음이란 무엇입니까?

혹시 성적인 접근 아닌가요? 자꾸 빤히 쳐다보고 몸을 만지려고 하고, 엉덩이 입술, 심지어 성기 쪽에 손을 대려고 합니까? 이게 거북하게 느껴지면 그는 동성애적으로 접근한다는 증거입니다.

동성애자들은 자신의 상대를 구하기 위해 고독한 사람, 친구가 없는 사람에게 친절하게 접근하는 수가 많습니다.

우정으로만 친하게 지내자고 조심스럽게 그러나 단호히 선언하십시오. 성적인 만짐과 접촉은 싫다고 분명하고 단호하게 그러나 부드럽게 말하십시오.

이미 몹시 친해진 상태라면, 자신은 동성애자가 아니므로 그러지 말고, 우정으로만 대해 달라고 요청하세요. 친구가 이 말을 곡해하고 배반감을 느낀다면 그는 이미 친구라 할 수 없지요. 자기 욕심만 차리는 사람이니까요. 이럴 경우 헤어지는 것이 좋습니다.

아직 많이 친하지 않으면 조금씩 거리를 밀리하면서 관계를 끊을 수도 있습니다.

Q. 기숙사에서 룸메이트가 저를 만지는 데 기분이 나빠요. 어떻게 거절하죠?

단호하고 분명하게 싫다고 이야기 해 주는 것이 원칙입니다. "나는 네가 괜찮고 친하게 지내고 싶기는 하지만, 네가 자꾸 이러면 내가 불편하거든. 그러지 말았으면 좋겠다."고 하세요.

화를 내지 않도록 자제하세요. 너무 노골적으로 화를 내면서 거부하면 그가 상처받고 앙심을 품을 수 있으므로, 조금씩 무난하게 거리를 두어가는 요령이 필요합니다.

그를 미워할 필요는 없습니다. 그냥 보통으로 아무 일 없는듯이 지낼 수 있으면 됩니다. 그리고 소문내거나 하지는 마세요.

그 친구가 집요하거나 은근히 계속 그런 행동을 한다면, 멀리하고 관계를 끊으십시오. 방을 옮기거나 기숙사를 떠나거나 하세요.

Q. 하나 뿐인 동성 친구가 제게 사랑한다고 고백을 했어요. 어떻게 반응해야 할까요? 거절하자니 친구를 잃을 것 같고 응하자니 너무 이상하게 느껴져요.

그게 동성애 행동을 요구하는 것이라면 태도를 분명히 해야 합니다. "친구하는 것은 좋다. 네가 나를 좋아한다는 것도 좋고, 나도 네가 좋다. 그러나 동성애자 처럼 되는 것은 싫다"고 분명하게 말하세요. 혹시 당신이 자신도 모르게 그에게 동성애적인 호감을 나타내지는 않았는지, 나도 모르게 그 친구에게 괜찮다는 신호를 보냈는지 반성해 보세요. 그랬다면 빠르게 그런 행동이나 태도를 바꾸세요.

동성애를 거절하고 싶으면, 친구를 잃더라도 거절하는 것이 옳습니다.

그러나 동성애는 싫지만 친구간의 우정은 계속할 수 있습니다. 만일 두 사람 모두 친구로서의 우정만을 유지할 수 있는 능력이 있으면, 동성애 관련 행동 없이 (동성애는 서로 내색하지 않으면서) 평생 친구로 잘 지낼 수 있습니다.

Q. 타고난 외모나 성품 등으로 인해 동성애자로 오해 받아 고민이 될 때 어떻게 해야 하나요? 보이시한 외모 때문에 동성애자 같다는 오해를 받아요. 외모를 고칠 수도 없고 고민입니다.

고민할 필요 없습니다. 외모에 대해 누가 무어라고 해도, 이성애자로서의 자신의 확고한 정체성만 있으면 충분히 견딜 수 있습니다.

남자의 경우 외모가 여성적이라도 여성들에게 인기 좋을 수 있고, 이성애를 더 잘 할 수 있습니다. 이성을 멋지게 잘 사귀는 것을 보여주면 됩니다. 누가 오해한다면 그냥 아니라고 직접 또는 간접으로 "분명히" 밝히면(소문내면) 됩니다. (분명히 밝히지 않고 웃기만 하거나 당황해 하면 인정하는 꼴이 될 수 있습니다) 화내거나 신경질 낼 필요 없습니다. 오히려 오해받을 수 있습니다. 당당하세요.

Q. 성품 문제

자신의 어떤 성품을 이야기하는지요. 남자가 여자 같은 성품을 보인다는 것입니까? (여자가 남자같다는 말을 듣는 것입니까?) 한 개인의 성품은 동성애와는 별 관련이 없습니다.

성품은 개인의 개성으로, 남이 뭐라고 할 것은 못됩니다.
사람들이 성품을 핑계삼아 동성애자로 오해하는 것은 일단 무시해 버리면 됩니다. 그러나 자신의 성품에 대해 자신이 잘 살펴보고, 남들이 말하는 내 성품에 오해가 있을 수 있는지 알아보아야 할 것입니다. 이를 잘 알기 위해서는 상담을 받거나 심리검사를 해 볼 수 있습니다. 심리검사나 상담을 통해 자신의 본래 성품을 확실히 알게 되면 자신의 성품에 대해 자신감을 가지세요. "나는 나다."

그러나 저러나 동성애자가 아니더라도, 자신의 성품이 문제있다고 생각되면, 노력을 통해 바꿀 수 있습니다. 전문가와 상의해 보세요.

Q. 어른들은 왜 동성애를 즐기나요?

그 이유는 쾌락입니다.
그러나 처음에는 쾌락을 즐긴다고 하겠지만, 이후 그들의 인생에는 반드시 쾌락의 댓가가 따릅니다. 앞서 말한 신체질병, 폭력의 피해, 우울증, 술과 마약, 자살 등등입니다. 타락한 생활로 재산과 명성도 잃게 됩니다.

그럼에도 불구하고 동성애를 계속하는 것은 동성애 쾌락에 중독되었기 때문입니다. 중독상태에서는 금단증상이 무서워 할 수 없이 동성애 행동을 한다고 보아야 합니다. 비유하자면, 알코올 중독자가 술을 즐긴다고 볼 수 있지만, 술을 안마시면 못견디는 상태가 되어 할 수 없이 술을 마시는 것과 같습니다. 게임중독도 마찬가지입니다. 게임에 중독된 아이들은 게임을 못하게 하면 몹시 불안해지고, 그래서 밤을 새고 먹지도 않고 게임만 하는 것 잘 알지요? 일단 동성애에 중독되면, 예를 들어 항문이 헐어 아프고 피가 나도 에이즈에 걸려도 항문성교를 하려 합니다.

쾌락이라고 하지만, 항문성교 쾌락이 이성과 성교하는 것보다 더 좋다는 증거는 없습니다. 동성애자는 이성과 성교가 잘 안되기 때문에 그러나 동성과 구강성교나 항문성교는 되기 때문에, 자위하듯 동성과 성교를 하는 것입니다.

그나마 성기를 삽입하는 사람(능동적 남자 역할)은 삽입으로 쾌감을 느끼고 사정도 하지만, 수동적 역할을 하는 사람(항문을 제공하는 여자 역할하는 사람. 보틈역)은 쾌감을 느끼기 어렵습니다. 항문은 성감대가 아니기 때문입니다. (대신 항문 뒤쪽에 있는 전립선에 성감대가 있다고도 합니다)

그래서 성기를 삽입하는 사람과 수동적 역할을 하는 사람의 관계는 일방적입니다. 대개 상호 사랑과 존중의 관계라기보다 가해-피해 관계인 수가 많습니다. 한쪽은 만족을 요구하지만 다른 한쪽은 복종만해야 하기 때문입니다. 심리학자들은 복종하는 역할의 남자는 "그럼에도 불구하고 사랑받는다는 느낌을 가지려고 하기 때문이다"라고 해석할 수 있습니다.

따라서 정신적으로 동성애관계는 남성성에 대한 가학적 또는 모욕적 관계라는 해석이 있습니다. 그래도 수동적인 사람은 "사랑의 관계", 또는 사랑받는 관계라고 믿고 싶어 고통을 느껴도 벗어나지 못합니다. 매맞고 사는 아내가 남편과 이혼하지 못하는 것과 비슷합니다.

동성애 행동을 한다고 해서 모두 다 동성애를 즐기는 것 아닙니다. 성병이 무서워 성교를 안하고 지내기도 합니다.

Q. 동성애를 즐기기 어려운 이유

동성애이든 이성애이든 성을 즐기기 쉽지 않습니다.

첫째 많은 노력을 들여야하고 애를 써야 합니다. 일단 신체적으로 건강해야 하고, 마음도 편안해야 합니다. 신체가 건강하지 않으면 정력이 약해집니다. 마음이 건강하지 않으면(불안하거나 우울하거나 상대에 대해 불편하면) 성교 자체에 쾌락을 느끼지 못합니다. 발기도 안되고 성욕도 없어져 성교자체가 이루어 질 수 없기도 합니다.

둘째 성을 즐기려면 상대에 대한 사랑과 배려가 필수적입니다. 혼자만 즐기고 상대를 고려하지 않는 것은 성폭력입니다. 그런 관계에서 상대는 행복하지도 즐기지도 못합니다.

셋째 동성애에는, 성적 쾌락보다, 금지된 행동을 한다는 쾌감이 지배적인 경우가 많습니다. 즉 성적 쾌감보다 스릴을 즐긴다는 것입니다, 그럴수록 위험한 행동을 합니다. 어두운 공공장소(예 화장실)에서 번개처럼 행동합니다. 이를 아드레날린성 흥분(쾌락)이라 합니다. 이것은 성을 즐기는 것이 아닙니다. 무언가 기성질서에 대한 반항의 의미도 있습니다. 그래서 어떤 동성애자들은 에이즈를 퍼트릴려고(bug chase라 함) 일부러 동성애를 많이 하기도 합니다. 동성애자들은 그런 사람을 만날까 두려워해야 합니다.

Q. 학생들도 동성애를 즐기는 아이들이 있나요?

동성애를 즐기는 청소년은 거의 없다고 봅니다. 굳이 즐긴다고 한다면 청소년들 중에 호기심, 실험, 모험 등등으로 어쩌다 한 번 숨어서 재미로 키스를 해보거나 성기를 만지는 것 등을 시도해 보는 정도일 겁니다.

이런 행동을 그 청소년들이 행복으로 생각할 수 있을까요? 대개 장난으로 치부하거나, 일시적으로 재미있다고 생각하겠지만, 들킬가봐 불안하거나 죄를 짓는 것 아닌가 하는 죄의식을 가지기 쉽습니다.

나이든 성인들의 유혹이나 강압에 의해 동성애를 경험한 청소년들은 결국 마음에 큰 상처를 받습니다. 나중 동성애자가 되기 쉽고, 외상후스트레스장애나 우울증을 앓게 되는 수가 많습니다.

그냥 동성애를 상상해보거나, 내가 동성애자 아닐까 고민하거나 하는 청소년들이 있기는 합니다. 이런 상태는 즐긴다고 할 수 없지요. 그런 생각으로 고민하면서 자신이 동성애자인줄 괜히 오해하고 그렇지 않을까 고민도 하고 친구들에게 고백하기도 합니다. 그러나 대부분 18세 넘으면 자신이 동성애자가 아닌 줄 깨닫고 안심하고 그런 생각을 그만 둡니다.

Q. 동성애를 반대한다면 시대적 흐름에 맞지 않는다고 주변에서 눈치를 주는데 어떻게 하면 좋나요??

신경쓸 것 없습니다. 요즘은 누구나 다 자신의 신념대로 주장하고 또 그대로 사는 것을 권장하기 때문입니다. 시대의 흐름에는 맞지 않는 것도 아닙니다. 시대 흐름이라고 말하는 것은 일종의 선전선동입니다. 우리나라는 물론 전세계적으로 더 많은 사람들이 동성애를 찬성하지 않고 있기 때문입니다.

시대의 흐름이라고 하지만, 소수의 동성애자 자신들과 이들을 인권차원에서 돕고자 하는 사람들, 또는 기성 또는 전통 사회체제에 반감을 가진 사람들이 동성애를 지지하면서 시대의 흐름이라 주장합니다. 이들은 사회에서 다수자가 아닙니다.

말은 안해도 마음으로 동성애 반대하는 사람 많습니다. 우리나라에서는 동성애 반대자가 찬성자들보다 훨씬 더 많습니다. 기독교인들은 거의 동성애 반대입니다. 인권차원에서는 동성애 사람들을 존중합니다만,

그들의 동성애 행동을 인정하는 것은 아닙니다. 아시아, 아프리카 국가들 특히 중동의 이슬람 국가에서는 아직도 동성애를 엄격하게 금하는 나라가 많습니다. 아프리카 나라들에서는 이슬람 교리 때문이라기보다 에이즈 창궐 때문에 동성애자들에게 엄한 벌을 줍니다. 러시아와 동구 국가들은 전통적으로 동성애를 엄금합니다.

동성애를 인정해주는 나라는 현재로서는 미국과 남북 아메리카, 서유럽 국가들 정도입니다. 이들이 선진국이라고 해서 동성애 지지가 시대 흐름이라고 우깁니다. 그런 나라에서는 동성 결혼도 인정해 줍니다. 즉 성적 자유를 옹호합니다. 성적 자유를 옹호해주고 개인의 권리를 옹호해주고 동성결혼도 인정해 주는데도 여전히 성에 불만이 많은지 그런 나라에 여전히 성범죄가 많고, LGBTQ 사람들에게도 여전히 정신건강문제가 많습니다.

동성애자들이 커밍아웃하면서 동성결혼도 많아지지만, 그들간의 폭력이 많고 불륜이 많으며, 자주 헤어진다는 통계가 나와 있습니다. 동성 커플은 양자를 키우는 권리도 가지고 있는데, 아버지가 둘인 가정, 어머니가 둘인 가정에서 자라는 아이가 건강하게 자랄 수 있을까요? 문제가 많다고 봅니다.

아시아에서는 태국과 대만이 동성애를 인정해 줍니다. 한국, 일본, 중국은 애매하게 내버려두고 있는 형편입니다.

국제기구-UN, WHO-등은 LGBTQ를 인정하고 존중하라고 권장합니다. 그런 기구들은, 서유럽의 엘리트들의 진보적 이데올로기의 지배를 받고 있기 때문에 그러하다고 봅니다.

우리나라는 전통적으로 유교 국가로서 동성애(남색이라 불렀음)를 금했습니다. 전통 종교, 전통적 윤리도덕 등등이 시대 흐름에 맞지 않다고 생각하십니까? 전통, 종교, 윤리도덕은 지킬 만 하니까 지켜져 온 것입니다. 괜히 전통이 아니지요.

원래 종교는 시대에 따른 변화보다 영원한 진리를 추구합니다. 그래서 흔히 신앙은 시대 흐름을 거스립니다. 시대 흐름을 말하는 사람들은 대개 정치적으로 진보적 생각을 가진 사람들입니다. 그러나 보수주의자들도 많다는 것을 알아야 됩니다. 젊은 사람들은 반항적이이어서 진보적이 되기 쉬운데, 이는 젊기 때문입니다. 젊은이들의 정당한 비판이나 반대는 당연하고 옳기도 합니다. 그런데 나이가 들면 대개 보수로 가까워진다는 것도 이해하셔야 합니다.

이런 요소들을 고려하여, 자신의 신념을 정하세요. 그러나 늘 주변을 잘 살피면서 또한 어른들과 상의도 하면서, 어떤 신념이 가장 옳은지 항상 경계하고 필요하면 바꾸는 용기와 융통성도 필요합니다.

기독교 신앙인라면 성경말씀대로 살아야 할 것입니다.
성경은 진리를 따르고 시대 흐름을 본받지 말라고 말씀하고 있습니다.
그리고 성경은 분명히 동성애를 금하고 있습니다.

2
트랜스젠더를 자녀로 둔 부모에 대한 조언

현재 서구사회의 분위기는 아이들 자신들이 주장하는 젠더정체성대로 살도록 내버려두라고 권고한다.[201] 그러나 우리는 이를 받아들일 수 없다. 트랜스젠더를 널리 용인하는 네델란드의 Amsterdam Gender Identity Clinic(AGIC)에서도 "The Dutch Model"이라 하여 옷입기, 이름, 호칭(he, she 등) 등에서 완전한 트랜스젠더로 이동하게 허용해주는 것을 권고하지 않는다.

왜냐하면, 상당한 시간이 지난후 여전히 트랜스젠더를 유지할 것인가를 결정하여야 할 때가 되면, 흔히 상당수가 본래의 성(젠더)로 돌아오기로 마음을 바꾸기 때문이다. (이를 유동성이라 한다)

나중 원래의 젠더, 즉 시스젠더로 되돌아오고자 원하게 되는 경우, 당

---

[201] Annelou LC. de Vries P, Cohen-Kettenis T.(2012). Clinical Management of Gender Dysphoria in Children and Adolescents: The Dutch Approach," The Journal of Homosexuality, 18 March, p. 307-308.

연히 지지해주어야 한다. 그러나 이런 일이 애초에 일어나지 않도록 하는 것이 더 중요하다.

자유주의적 가치관에 근거하여 부모가 트랜스젠더 소원을 용인하고 촉진하게 되면, 자녀들은 나중의 그 부정적 결과를 알지 못하게 된다.

더구나 크리스천은 트랜스젠더가 되고자 하는 욕구를 따르도록 내버려두면 안된다.[202] 크리스천 부모와 크리스천 공동체(교회)는 아이들에게 적절한 역할 모델(role model)이 되어주고 교육적 인도를 하여야 한다.

The American College of Pediatricians도 역시 도덕적 및 윤리적 측면에서, 성을 바꾸고자 하는 아이들의 주장을 반대해야 하며, 대신 하나님이 주신 성을 따라 은혜와 진리 가운데서 서로 사랑해야 한다고 가르쳐야 한다고 조언한다.[203]

인간발달의 규범은 개인의 생각을 자신의 신체적 실제에 따르도록 하는 것이다. 즉 한 개인의 젠더정체성은 생물학적 성과 일치시켜야 한다. "다른 성인 것 같다", "남녀 중간인 것 같다" 등등의 "느낌"은 제3의 성이 될 수 없다.

젠더정체성장애(젠더불쾌증)를 가진 아이의 몸은 정상이다. 즉 젠더불쾌증은 신체적인 것이 아니고 마음의 문제이다.

크리스천 전문가들은 젠더정체성장애를 가진 사춘기전 소아청소년은 해부학적 성에 따라 정체성을 가지도록 도와야 한다.

---

202 The Christian Medical and Dental Associations (CMDA) https://cmda.org/article/transgender-identification/.
203 American College of Pediatricians. (2016). Gender Dysphoria in Children. August.

부모가 할 수 있는 일:

젠더장애 아동은 흔히 예민하고 상처입기 쉽다. 자신에 대해 부정적으로 느끼기 쉽다. 그래서 부모는 동의해 주고 싶어지는 것이 인지상정이다. 그러나 분명히 이는 잘못이다.

부모는 같은 세계관을 가진 유능한 객관적 전문가의 도움을 받아 협력하여, 특정화되고 개인화되고 적응적인 계획을 세워야 한다.

부모는 평소 자녀와 좋은 관계 유지하고 더욱 발전시켜 나가도록 노력해야 한다.

부모는 늘 사랑을 표시하여야 한다. 부모로 인하여 자녀가 수치심이나 죄의식 갖지 않도록 하여야 한다. 그러면서 우리는 다같이 하나님의 사랑하는 피조물로서, 두렵고 놀랍게 창조된 완전한 피조물임을 강조해 주어야 한다.

부드럽게 동성 친구들과 우정을 맺게 인도한다.

동성의 성인모델과 연결되도록 주선한다.

동성간 우정을 발달시키는 것에 대해 자주 가회있는대로 자녀와 토론한다.

생물학적 섹스에 맞는 흥미, 놀이를 발전시키도록 한다.

젠더중립(gender-neutral) 또는 젠더 반대의 활동도 처음에 너무 강하게 막지는 말되(화를 내게 만들거나 수치심을 느끼지 않게 하기 위해), 재치있게 중용을 모색해 보도록 지도한다.

자녀를 위해 건강하고 안전한 환경을 수립한다.

부모는 아이가 다른 대부분의 아이들과는 다른, 반대성에 다소의 관심을 갖는 것에 대해서는 일단 "알겠다"라고 말하고, 그 다음 설명을 해줌으로 지도할 수 있다. 하지만 지속적이고 일관되게 자신의 생물학적 성을 동일시하도록 도와야 한다.

젠더이슈 이외의 이슈에서, 예를 들어 선행, 학교 출석, 교회 생활 등에서 아이를 확인(인정, 칭찬 등)해 준다.

자녀의 어떤 트랜스젠더 행동이 용인되는 행동인지, 사회생활에 도움이 되는 행동인지, 또는 현명한 행동인지 아닌지에 대한 구체적인 가이드라인을 준다. 즉 사회적 규범을 알려주고, 그에 따르는 행동이 어떤 것인지 구체적으로 가르쳐 준다. "네가 남자인데 여자 옷을 입으니까 사람들이 뭐라고 그러지", "그러니 네가 남자 옷을 입는 것이 좋겠다" 같은 것이다.

젠더불쾌증(트랜스젠더)을 나타내면 다른 사람들이 자연스런 부정적 반응을 보일 수 있는데, 이럴 경우 자녀가 대응하는 기술을 발전시키도록 도와야 한다. 원하는대로 하지 못한 결과로 나타나는 실망과 좌절을 다루는 방법에 대해 도와주어야 한다.

아버지와 어머니는 자녀를 대하는 방법에 일치해야 한다. 부부사이 아이를 대한 태도에 갈등이 있으면 아이는 이를 금방 알아채고 상황을 더욱 어렵게 만든다. 이럴 경우 아이를 다루는 방법과 부부화합을 위해 잘 훈련된 크리스천 부부 상담가의 도움을 받는다.

흔히 아이의 행동은 가족내 문제를 반영하는 것이다. 예를 들어 트랜스젠더 행동은, 불화하는 가족 상황의 피해자로서, 부모에게 항의하는 것일 수 있다. 그의 증상은 정신역동적으로 전체 가족들에게 보내는 메세지 전달자(messengers) 이다. 이를 경우 외부 전문가의 객관적 평가를 받아보고 치유해야 한다.

부모로서 고통스러울지라도, 어찌하여야 할지 모를지라도, 기도함으로 좋으신 하나님의 자비와 사랑에 의지하여야 한다.
그런 아이들을 내버려 두지 마십시오. 전문가의 도움을 청하하십시오. 당신들은 혼자가 아닙니다. 하나님의 사랑과 자비를 믿으십시오.

여호와의 자비와 긍휼이 무궁하시므로 우리가 진멸되지 아니함이니이다 이것이 아침마다 새로우니 주의 성실이 크도소이다 (예레미야애가 3:22-23)

XI
저자의 전환치료 경험과 견해

1
사례

저자가 정신과 전문의로서 진료활동을 했던 시기(1973-2009)에 우리나라에서 동성애 문제로 치료받으러 찾아오는 사람은 드물었다. 다행히도 저자는 1980년 동성애를 고치겠다고 찾아 온 33세된 남자를 정신치료한 적이 있다.

그가 외래로 찾아온 날, 첫 인상은 무슨 배우 같았다는 것이었다. 그는 매우 미남이었고 깔끔한 고급 정장 차림이었다. 그는 시내의 어느 큰 요정에서 관리자 일을 하면서 경제적으로는 비교적 풍족한 생활을 살고 있었다. 그는 손수건을 가슴에 꼽고 남자용 핸드백과 멋진 고급 라이터를 가지고 있었다. 그는 신체적으로 건강해 보였고, 행동거지와 말씨는 정중하고 교양이 있었다. 그는 정규학교를 다니지 않았지만 타고 난 재능으로 요정 사회에 잘 적응하고 있었던 것 같았다. 그러나 그는 동성 친구도 거의 없었고, 오로지 직장에서 일에만 충실하였다.

그의 주소는 "동성애"였다. 그는 직장에서 여자들의 흐트러진 모습을 보면서도 전혀 성욕을 느끼지 못했고 오히려 혐오스러웠다고 한다. 그래서 그런 유흥업소에서 일하면서도 여자종업원과의 어페어는 한번도 없었다고 한다. 대신 남자들을 대할 때 오히려 묘한 흥분과 발기를 느끼었다고 한다. 그러나 그는 항문성교나 구강성교에 대해서는 언급하지 않았고, 필자도 굳이 이를 확인하려 하지 않았다. (이런 방침은 진단면담의 원칙에 어긋난다)

그는 오래 사귀고 있는 여자 친구가 있었으나 손한번 잡지 않아 여자는 오히려 그를 신사로 본다고 하였다. 최근 그 여자 친구로부터 결혼 말이 나오면서 이 남자는 자신의 동성애에서 벗어나야 한다는 강한 동기를 가지게 되었다.

저자는 그와 당시로서는 상당한 액수의 치료비를 약속하고 정신치료를 시작하였다. 주 1회 한 시간씩 면담하였다. 정신치료는 철저히 역동적 정신치료였다. (저자는 당시 약 10년간 고 이동식교수로부터 정신치료 훈련을 받고 있었다) 인지행동치료의 기법은 전혀 사용하지 않았다. (당시 인지행동치료는 조금씩 한국에 알려지고 있었다)

저자는 환자와 같이 그의 과거력과 가족력을 검토하면서 당시 사건에 관련되었던 감정반응들과 면담과정에서 드러나는 감정반응을 일일이 명료화하는데 주력하였다. 필자는 매번 "좀더 자세히 말해보세오", "바로 그 당시, 느낌은 어땠는데요" 등등을 이야기하게 하고 연상이 일어나도록 하였다. 꿈내용에 대한 연상을 들어보고, 전이에 주의하면서, 환자가 자신의 미처 모르고 있는 내면을 통찰하게 하는 방식으로 면담을 이어나갔다. 우호적인 분위기는 있었으나, 치료자 - 환자의 경계는 분명히 유지되었다.

저자는 그의 동성애의 내면적 원인에 대해 의도적으로 추구하지 않았다. 단지, ... "라고 말했는데, 그게 무슨 의미일까요?" 같은 질문만 하고, 그 대답에 대해 "그럴 수 있겠습니다" 정도로 응답하였다. 해석하는 일은 극히 삼갔다. 동성애 행위에 대한 피상적인 해석에 대해서는 그가 관련 책을 읽어 알고 있다고 보았기 때문이었다.

아마도 3-4회째 면담에서 그는 자연스럽게 어릴 때의 동성애 성폭력 피해 경험을 말하였다. 그는 어려서 집안이 가난하였고 가정이 붕괴되어 가출하고 있었다. 떠돌아 다니던 중 9살 되던 때 어느 날 밤 부산의 어느 다리 밑에서 어떤 남자 노숙자 어른한테 성폭행을 당하였다.

그는 그 트라우마가 현재의 동성애와 관련되리라는 것은 이미 짐작하고 있었으므로, 스스로 이야기를 꺼내었다. 추가질문에 따라 그는 당시 느낀 감정에 대해서 담담하고 솔직하게 이야기하였다. 저자는 이 트라우마가 그의 문제의 중요한 역동적 요인으로 보았다. 저자는 환자가 이를 입밖으로 드러내게 하고 그 당시 감정을 표현하도록 유도해 보았으나, 끈질기게 감정표현에 대해 억제하려는 것을 알 수 있었다. 저자는 그의 완강한 저항을 감지하고 그에 대해 말하라고 압박하지 않았다. 대신 필자는 그런 소아기 트라우마 기억이 어떻게 그동안의 대인관계에 반영되었는지에 대해 연상이 일어나도록 가이드 해갔다. 즉 대인관계 기피,

일반적인 친구가 없음, 술집(요정)에서 일함, 열등감-죄의식-부적절감이 대인관계와 직업활동에 어떻게 서로 연결될 수 있을지에 대해 생각하게 되도록 질문하고 대답하게 하였다.

그가 어느 정도 통합적인 지적 통찰에 이르렀어도, 동성애 현상은 별로 변하지 않았다. 겉보기와 달리 그는 내내 내면적으로 우울하였다. 그는 기대를 가지고 진지하게 면담에 응하였으나, 그가 전망하는 미래는 어두웠다.

치료의 진전이 다소 지체될 즈음 그는 취미삼아 수중 다이빙에 열중하기 시작하였다. 그는 다이빙 훈련과정에 대해 자세히 말하기를 좋아하였다. 30회 세션 즈음 그는 동해바다에서 깊은 다이빙에 성공하고 그날 밤 여자 친구와 동침에 성공하였다. 그는 이 극적인 변화에 환호하였다. 그는 자신을 도와준데 대해 저자에게 감사하고 정신치료를 마무리 하였다.

일년 여 지난 후 그는 자신의 레스토랑을 개업하는 기념 만찬에 저자를 초대하였다. 이 때 저자는 그가 결혼하였고 아이를 낳았다는 사실을 알았다.

1. 진단적 공식화(diagnostic formulation)

진단상으로 위 내담자는, 동성 끌림이 있었지만, 동성 성행위는 있었는지 없었는지는 알 수 없었다. 자신이 동성애자라는 정체성은 자각하고 있었다. 동반된 정신건강문제는 발견되지 않았다.

2. 역동적 공식화(dynamic formulation)

그의 동성애 원인은 어려서 받은 가정적 역경과 소아 동성애 피해 경험이었다고 생각된다. 그는 면담 시 자신의 부모에 대한 이야기는 거의 하지 않았다. 오로지 요정을 경영하는 누나와의 관계만 피상적으로 말하였다. 이는 어려서의 성장 환경이 불우하였다는 것을 의미한다. 이런 상황은 이 책의 앞에서 거론한 모든 동성애 원인론들과 일치한다. 단지 특이한 점은 누나의 역할이다. 그 누나가 어려서 그를 케어하였고, 현재는 요정이라는 성유흥 업소를 경영하며 내담자의 직장 보스라는 점이다. 이런 상황은 그의 어려서의 동성애 트라우마, 정신성발달에서의 원만한 경험의 결핍, 아버지의 부재 상황, 어머니-누나의 지배적 위치 등이 그의 동성애 발달과 유지와 역동적으로 관련되어 있는 것 같았다. 아마도 누나에 대한 양가감정이 한편으로는 일반적인 여성에 대한 거부와 다른 편으로는 여자친구와의 긍정적 관계로 나타나지 않았나 생각한다. 동성 끌림은 어린 자신을 성적 대상으로 만든 남자에 대한 외상의 기억을 성화(sexualization) 내지 로맨스화(romancing) 한 것처럼 보인다.

3. 전환에 성공한 요인에 대해 고찰

실제적인 강한 동기가 있었다. 여자 친구가 있어, 결혼에 대한 압박을 느끼고 있었다.

현재의 환경이 긍정적이었다. 경제적으로 괜찮았고, 여자 친구와의 관계가 좋았다.

여자 친구가 있었다는 점에서, 성관계는 없었지만, 혹시 그가 잠재적으로 양성애자였음을 감별해야 한다. 그러나 그는 분명히 그 여자 친구에 대해 성적 끌림이 없었다고 하였다. 한 호텔방에 자면서도 전혀 성욕이 일어나지 않았다. 그들의 관계는 마치 동성 친구 또는 남매 같았다.

내면을 통찰하고자 하는 강한 지적 욕구와 지적 능력이 있었다. 그는 사전에 스스로 관련지식을 공부한 것 같았다. 즉 소위 "심리적 이해를 위한 마음 자세"(psychological mindedness)가 되어 있어 역동적 전환치료에 도전할 준비가 되어 있었다.

일상적 적응능력이 좋았다. 그가 비록 인간관계는 제한적이었지만, 직업적으로 잘 적응하고 있었고, 이성과의 관계도 겉으로 보기에 정상적이었다. 그가 동성애자인지 주변 사람들은 모르고 있었다. 그는 혼자만의 비밀로 "고통"을 받고 있었으나, 겉으로 우울증이 있거나 약물남용 문제 같은 정신건강 상의 문제는 없었다. 즉 인격적 문제는 없었다. 단지 동성애 느낌과 동성 끌림이 문제였고, 이성관계에서 성불능이었을 뿐이다.

치료 성공의 불확실성에도 불구하고 오랜 끈질긴 노력을 했다.
치료 동맹 관계가 좋았다.
과거의 노출이 효과를 발휘한 것 같았다. 돌이켜 생각해 보니 그는 과거 동성애 성폭력 피해를 누군가에게 노출하기 위해, 그래서 심적 압력을 줄이기 위한 방편으로 치료자를 찾았던 것 같다. 또한 그런 과거의 역경- 소아시절 게이의 성폭력 피해, 불우한 환경, 가족의 해산, 떠돌이 소년생활, 사회적 성공을 위해 고생한 것 등등-에 대해 누군가와의 대화를 통해 정화(catharsis)하고 또 인정(받아들임)을 받고 싶었던 것 같다. 그런 이야기를 가족이나 여자 친구나 직장 사람들에게 하기 어려웠을 것이다. 그는 사회에서 소외되어 있었다.

결국 그는 자신의 체육능력을 확인함으로 - 심해잠수에 성공함으로 - 남성적 능력의 확대를 스스로에게 증명해 보이면서, 확고하게 개선된 성정체성과 억제되어 있던 이성애의 능력감을 회복한 것 같다. 그런 의미에서 그에게 바다와 심해잠수(deep diving)는 상징적 의미가 있다고 생각한다. 그러나 이번 정신치료는 바다와 심해 잠수가 그에게 어떤 고유한 상징적 의미가 있는지 통찰하는데까지 이르지 못하였다. 일반적으로 바다는 어머니를 상징하는데, 다이빙의 성공은 그에게는 아마도 성장한 아들로서 어머니와 다시 만남을 성취한 것을 상징하는 것 아닌가 한다.

이 사례에서는 아마도 추측컨대, 억압과 고립이라는 방어기제 때문에 그의 성적 갈등은 동성애로 나타났으며, 이제 억제되었던 성적 잠재력이, 심해잠수라는 성공적으로 잘 통제된 체육적 능력의 발휘라는 승화의 기제를 통해 회복한 것으로 설명할 수 있다. 비록 저자가 "행동"을 처방하지는 않았지만, 결과적으로 행동치료가 곁들여 진 셈이 되었다고 본다. 이 사례는 역동적 정신치료를 통해서 해방(자기노출)과 새롭고 건강한 힘의 통제 전략을 체득함으로 인격이 보다 자유롭게 되었을 것으로 본다.

2
토론

저자는 치유란 궁극적으로 인격을 성숙시키는 과정으로 본다. 동성애의 경우도 인격이 성숙하면, 자연스럽게 미숙한 동성애는 성숙한 이성애로 회복한다.

앞서 말한 모든 동성애의 원인과 치료에 대한 이론과, 저자 자신의 경험에 근거하여, 다음과 같이 동성애 치유에 대한 이론으로 종합한다.

① 저자는 이론적으로 그리고 저자 자신의 경험에 근거하여 동성애는 전환치료 될 수 있다고 본다.

② 동성애자는 비록 겉보기에 "정상"으로 보일 수 있지만, 내면적으로 고통을 받고 있다는 것을 알 수 있다.

③ 동성애를, 우울증, 불안, 등과 같은 "노이로제" 현상의 하나로 본다는 전통적 정신분석적 개념에 동의한다.

④ 동성애가 노이로제의 하나라는 점에서, 노이로제와 동성애가 발생하는 공통적 과정을 도식으로 표현해보면 아래 〈그림 1〉과 같다.

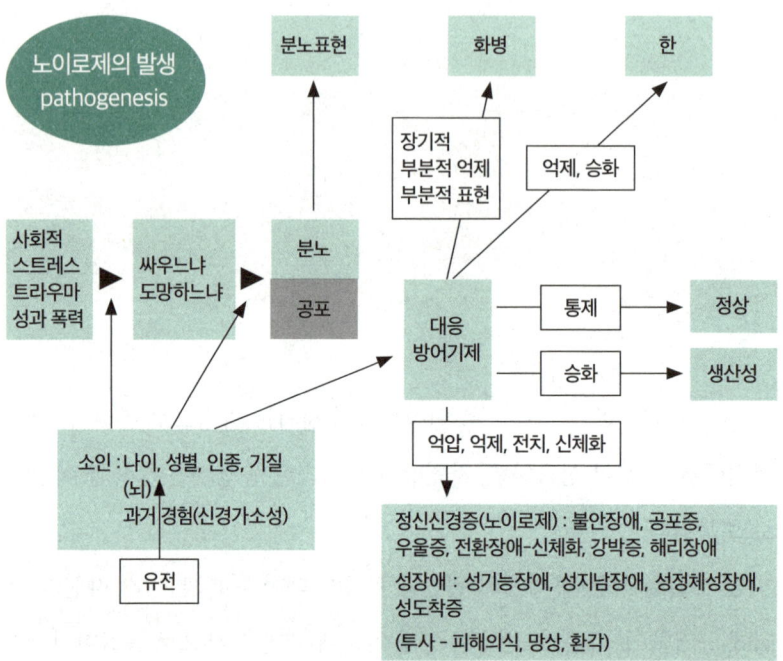

〈그림 1〉 노이로제 발생 과정 - 사회적 스트레스나 트라우마에 대한 반응으로 분노나 공포가 생겨나는데, 방어기제 없이 그대로 나타나는 수도 있고, 미숙한 방어기제에 따라 노이로제가 나타날 수도 있고, 승화같은 성숙한 방어기제를 사용하면 정상 내지 창조적 행동이 발달할 수 있다. 즉 미숙한 방어기제를 사용함에 따라 우울증, 불안증 등 각종 노이로제 또는 성장애(성기능장애, 동성애, 트랜스젠더, 성도착장애등)가 나타난다.

이 도식에 따르면, 한 사람에게 흔히 우울증과 불안장애가 병발(co-morbid) 한다거나, 우울증이 약물남용과 자살 등과 상호 연결되어 나타나는 수가 많다는 것을 이해할 수 있다. 나아가 동성애자들의 정신건강문제의 병발도 이해할 수 있다.

⑤ 동성애가 노이로제라는 점에서 동성애의 원인도 사회적 스트레스(성적 스트레스, 트라우마) 이다. 이 스트레스에는 정신분석의 오이디푸스콤플렉스도 포함되고, 가족이론에서 말하는 부모와의 고통스러운 관계, 발달이론에서 말하는 소아기 역경의 영향 등이 모두 포함되어 있다. 또한 어려서의 젠더비순응(gender non-conformity), 즉 트랜스젠더 행동에 관련된 스트레스와 트라우마도 포함될 수 있다.

⑥ 일반적으로 스트레스에 대응(coping)하는 과정에서, 인격의 발달(성숙)에서의 중단(프로이트가 말한 arrest) 상태에서, 주로 고착, 퇴행, 대체, 투사 같은 미숙한 방어기제를 사용하게 된다. 이런 발달 중단상태는 정신사회적 미숙상태로 이끌어 비적응적인 행동, 즉 동성애 또는 노이로제가 생겨난다는 것이다. 사람에 따라 진단적으로는 우울증, 불안장애, 자살, 약물남용, 성장애 등 다양하게 나타나는데, 그런 차이는, 개인이 주로 사용하는 방어기제의 종류에 따라 역동적으로 결정된다.

또한 최근 동성애자들에게 자폐증적 특성들이 많이 발견된다는 연구들[204]이 등장하고 있다. 그 함의는 보다 자세히 연구되어야 하겠지만, 이는 그들의 인격발달 수준이 미숙하다는 사실을 재확인해 준다.

한 사람이 어떤 방어기제를 주로 사용하는가하는 것은 개인이 어려서부터의 성장과정 동안 받은 훈육과 경험에 의해 학습된 것이다. 그런 의미에서 부모가 중요한 것이다.

이 사례는 과거의 다른 역경에 대해서는 비교적 건강하게 대응하였기 때문에, 그러나 단지 소아기 성적인 트라우마에 의한 콤플렉스가 그의 이성애 발달을 억압하였기 때문에, 비교적 치유가 용이하였다고 본다.

⑦ 동성애가 다른 노이로제와 다른 점은, 원인되는 트라우마에 대한 방어기제로 성화(sexualization)를 들 수 있다. 위의 증례에서도 원인적 트라우마가 소아성애적 동성애 폭력이었고, 이후 직업선택도 요정이라는 점에서 그리고 애착 추구에서 동성애라는 행동으로 성화되어 있다.

⑧ 전통적 정신분석 이론은 어려서의 성폭력 트라우마 경험은, 커서 일반적인 성기능장애나 성도착, 성지남장애, 성정체성장애 등 성장애로 나타날 가능성이 크다고 하는데, 위의 증례에서도, 어려서 동성애 성폭력의 트라우마로 동성애자가 되었을 것으로 생각한다.

---

204 Attanasio M, Masedu F, Quattrini F, Pino MC, Vagnetti R, Valenti M, Mazza M. (2022) Are Autism Spectrum Disorder and Asexuality Connected?Arch Sex Behav. 51(4):2091-2115.
George R, Stoles MA. (2018). Sexual Orientation in Autism Spectrum Disorder. Autism Res. 11(1):133-141.
Weir E, Allison C, Baron-Cohen S. (2021). The sexual health, orientation, and activity of autistic adolescents and adults. Autism Res. 14(11):2342-2354.
Pecora LA, Hooley M, Sperry L, Mesibov GB, Stokes MA. (2020). Sexuality and Gender Issues in Individuals with Autism Spectrum Disorder. Child Adolesc Psychiatr Clin N Am. 29(3):543-556.
Ronis ST, Byers ES, Brotto LA, Nichols S. (2021). Beyond the Label: Asexual Identity Among Individuals on the High-Functioning Autism Spectrum. Arch Sex Behav. 50(8):3831-3842.
Joyal CC, Carpentier J, McKinnon S, Normand CL, Poulin MH. (2021). Sexual Knowledge, Desires, and Experience of Adolescents and Young Adults With an Autism Spectrum Disorder: An Exploratory Study. Front Psychiatry. 12:685256.
Lewis LF, Ward C, Jarvis N, Cawley EJ. (2021). Straight Sex is Complicated Enough!: The Lived Experiences of Autistics Who are Gay, Lesbian, Bisexual, Asexual, or Other Sexual Orientations.. Autism Dev Disord. 51(7):2324-2337.

⑨ 한편 통제, 승화, 억제(참음). 이타주의, 예기, 유머 등 성숙한(mature) 방어기제를 사용하면 적응적인 삶, 즉 건강하고 창조적이고 생산적인 삶을 살게 된다. 동성애 전환치료에 성숙한 방어기제가 미숙한 방어기제를 대신하도록 하는 치료가 효과적일 것임을 알 수 있다. 이 사례에서는 전환치료를 해보겠다는 결정 자체와 심해 다이빙을 향한 노력이 성숙한 선택이었다고 본다.

⑩ 치료는 도식상으로 말하면 노이로제가 발생하는 역동적 과정을 역시 "역동적으로" 되돌리는 것이다. 〈그림 2〉 참조) 즉 과거 트라우마에 의

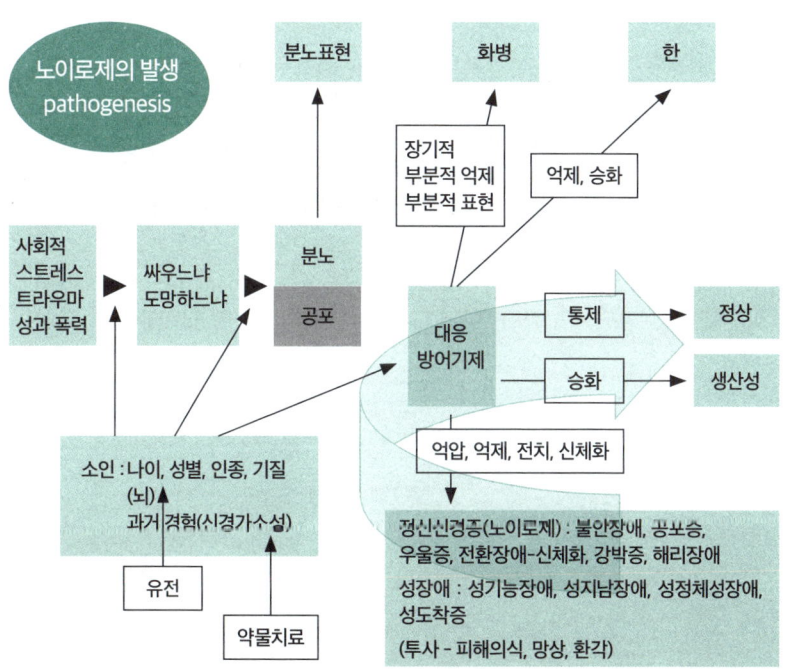

<그림 2> 전환치료의 과정 - 노이로제를 정신치료하는 방법을 사용하여 동성애를 치료한다. 즉 노이로제가 발생하게 되는 과정을 되돌리는 과정을 밟되 방어기제를 성숙한 방어기제로 전환하는 전략을 사용하는 것이다.

한 내면의 고통과 미숙한 방어기제들에 대해 깨닫고, 대신 보다 건강하고 성숙한 방어기제를 사용하는 것이다. 성숙한 방어기제란 승화, 예기, 억제, 유머, 이타주의 등을 의미한다.

⑪ 확인치료는 동성애라는 발달 중지 상태를 프라이드(pride)로 받아들이고, 그 라이프스타일을 유지하면서 살도록 지지해 주는 것이다. 말하자면, 미숙한 자기애 상태에 머물러 있도록 돕는 것과 마찬가지이다. 즉 동성애 옹호자들은 프로이트가 언급한 "정상변이"라는 말을 근거로 프로이트가 말한 정신성발달상의 더 이상의 성숙이론을 거부하는 모순을 보이고 있다.

⑫ 정신역동적 치료 방법은, 그림 2에서 보듯이, 유전적 영향이 있는 행동문제들, 즉 예를 들어 본능적 행동, 타고난 성격, 특정 행동 특성들(traits) 등등을 교정하는 데에도 충분히 사용할 수 있다.

XII 맺는 말

이 책은 동성애 전환치료에 대한 연구와 이론과, 그 효과에 대한 문헌들을 종합하였다. 연구 결과 동성애의 전환치료는 가능하다고 본다. 자연치유도 보고되고 있다. 특히 저자 자신 전환치료에 성공한 적이 있기 때문이다.

수많은 학술단체들은 현대사회의 떠오르는 이데올로기에 편승하여, 과학적 사실보다 성지남을 바꾸려는 노력은 실패하기 마련이고, 그런 개입은 동성애자에게 해로울 수 있다고 주장한다. 그러나 동성애는 유전되는 것이 아니고 정신역동적으로 형성된 행동문제라는 증거가 풍부하다. 따라서 전환은 가능하고, 또 전환을 통해 얻는 유익이 동성애 라이프스타일로 살아가는 것에서 얻게 되는 유익보다 훨씬 크다. 현재 미국 일각에서는 이러한 크리스천의 주장이 학술적으로 받아들여지고 있는 사례들이 나타나고 있다.

동성애가 공식적으로 정신장애가 아니라 하더라도, 의학적으로는 분명히 문제가 많은 행동이다. 따라서 동성애는 가능한 한 전환되어야 한다고 보는데, 특히 자신이 동성애자이기를 원치 않는 동성애자에게는 원하는 전환치료를 받을 인권이 있다고 보아야 한다. 특히 크리스천 치유 상담가는 동성애에서 벗어나기를 원하는 동성애자가 단 한 사람이 있더라도 그 도움요청이 외부 강제가 아니라 자발적인 한, 그에게 원하는 도움을 줄 수 있도록 준비되어 있어야 한다.

"너희는 어떻게 생각하느냐? 양 100마리를 가진 사람이 있는데 그 가운데 한마리가 길을 잃었다고 하면 그가 99마리를 산에 두고 가서 길

잃은 그 양을 찾아다니지 않겠느냐? 내가 진실로 너희에게 말한다. 만약 그 양을 찾게 되면 그는 길 잃지 않은 99마리 양보다 오히려 그 한 마리 양 때문에 더욱 기뻐할 것이다." 마태복음 18장 12-13절

더구나 그동안 많은 연구와 수행(practice)을 통해 전환이 가능하다는 증거들이 풍부하게 있다.

현재 서구에서는 전환치료를 법(차별금지법, 평등법 등)을 통해 전환치료를 금하고 있으나, 크리스천들의 노력으로 일부 지역에서 동성애 전환치료를 허락받는 소송에서 승소하는 예가 나타나고 있다. "진리는 결국 승리할 것이다"

크리스천 기독치유상담가가 동성애자를 도우려 할 때, 자신의 치유 사명이 자신의 실력 발휘나 명성에 있는 것이 아니라, 내담자의 행복과 구원에 있다는 사실을 명심해야 한다.

크리스천 상담가는 동성애 전환의 성취는 하나님의 사랑과 은총 중에 일어난다는 것을 믿어야 한다. 그리고 그들을 상담하고 돌보고 희망을 성취하게 돕는다는 사역은 치유자 자신에게도 은혜가 됨을 믿는다. 믿고 감사하는 마음으로 사역하여야 한다.

찾아보기

교정적 감정경험 51
글로 쓰기 115
금욕 84, 114
기독 상담(Christian Counseling) 87
꿈의 해석 45

니콜로지, J. 36, 97, 124, 128

대응 211
동성애자 인권운동 10
동성애 확인 치료 13

마스터즈, W. 70
명료화 46
미국심리학회 141, 148
미국정신의학회 10, 27, 28

버글러, 에드문드 25
부모-자식관계 30, 104, 116
비버, 어빙 26

설명기법 114
설명 후 허락 174
성화(sexualization) 37, 39
소아기 동성애 성폭행 107
소아기 역경 경험 34
소아기 트라우마 31
소카리데스, 찰스 27

아이미니스트리 (I Ministry) 83
암시 49
애착 39
여성혐오 38

역동적 정신치료 50-51
역전이 43
유동성 152
융, C G 22
이성적 감정치료 69, 113
인지기법 113
인지행동치료 70, 113

자기인정의 파라독스 118
자아-이질적 성지남 99
자연적 전환 152
자기주장훈련 69
재확인 49
저항 44
전문성 경계 178
전이 43
전장유전체연관분석 11
전환치료 10, 13, 40-58
정신건강전문가 164
정신분석 10, 16-29, 40-45
정신역동적 이론 30-39, 45
제반응 46
젠더비순응 35
젠더 외상 103
직면 46

치료동맹 112
치료적 정신교육 182
치유상담가 164

크리스천 상담가 165
킨제이 A. 69

탈동성애 동맹 90
탈동성애 사역 13, 72-74, 137
통찰 45
트랜스젠더 205

프로이트, 안나 24
프로이트, 지그문트 17-21
프로이트 후계자들 22-29
피츠기본스 32

학습이론 60-62
합리화 48
해석 42
행동치료 63, 66-68
행동적 기법 114
혐오치료 13, 64
홀리라이프 (Holylife) 83
확인 48
확인 정신치료 156
환기 45
회복치료 13, 96
훈습 45

Alliance for Therapeutic Choice and Scientific Integrity(ATCSI) 100

Cagnon, Robert 98
Chamber, Alan 78

Drescher, J 137
DSM 28, 29

Evergreeen International 77
Ex-ex-gay 152
Exodus Global Alliance 78
Exodus International 76

Haldeman, DC 135, 136
Homosexuals Anonymous (HA) 90

JONAH 79

NARTH 29, 99
North Star 79

OneByOne 79

Positive Alternatives to Homosexuality(PATHT) 81

Rational Emotive Behavior Therapy (REBT) 69, 113
Religious Cognitive Behavioral Therapy(RCBT) 88
Restoration Path 76
Restored Hope Network 79

SAFE-T 122
SOCE 122, 126, 134, 138, 144-147
Spitzer, Robert 37, 129

[저자 약력]

민성길(閔聖吉)

연세대학교 의과대학 명예교수(신경정신의학)

1968: 연세의대 졸업(의사자격)
1975: 의학박사, 연세대 대학원
1968-1973: 연세대 부속 세브란스 병원 인턴, 정신과 레지덴트(신경정신과 전문의)
1976-2009: 연세의대 정신과 교수
2000-2002: 연세대학교 통일연구원 원장
2001-2008: 연세의대 의학행동과학 연구소 소장
2009-2013: 서울특별시 은평병원 원장
2014-2023: 용인 효자병원 진료원장

2000-2003: 연세의료원 기독의사회 회장
2010-2014: 한국 기독정신과의사회 회장
2015-현재: 성과학연구협회 회장
현, 대한예수교 장로회 신촌강서교회 은퇴장로
　　　대한 의학한림원 종신회원

전, 대한 정신약물학회 이사장,
　　　대한 신경정신의학회 이사장
　　　대한 사회정신의학회 회장
　　　대한 임상독성학회 창립회장

주요 수상

연세대학교 연세학술상, 서울시의사회 저술상, CINP Pioneer Award 등

저술

『최신정신의학 (제7개정판)』(일조각, 2023)
『임상정신약리학 (제3개정판)』(진수출판사, 2007)
『통일과 남북 청소년』(연세대학교 출판부, 2000)
『통일이 되면 우리는 함께 어울려 잘 살 수 있을까?』(연세대학교 출판부, 2004)
『화병연구』(ML Communication, 2009)
『서울을 정신분석하다 (편)』(청년의사, 2010)
『말씀이 육신이 되어. 맥라렌 교수의 생애와 사상』(연세대학교 출판문화원, 2013)
『성, 사랑, 가정』(대표저자, 성과학연구협회 2015, 개정판 2019)
『헤르만 헤세의 진실: 우울증, 경건주의 그리고 정신분석』(인간사랑) 외 10권

동성애 치유 상담 입문

발행일 2023년 8월 15일 초판

지은이 민성길
디자인 윤상은

펴낸곳 사)기독교문서선교회
등록 제16-25호(1980. 1. 18)
주소 서울특별시 동대문구 천호대로71길 39
전화 본사 02) 586-8761~3 영업부 031) 942-8761
팩스 본사 02) 523-0131 영업부 031) 942-8763
홈페이지 www.clcbook.com
이메일 clckor@gmail.com
온라인 기업은행 073-000308-04-020, 국민은행 043-01-0379-646
  예금주: 사)기독교문서선교회
ISBN 978-89-341-2582-2(03230)

* 본 책자는 동반연(동성애동성혼 반대 국민연합)의 연구비와 사랑의교회의 출판인쇄비를
  지원받아 발간되었습니다.

* 이 책의 저작권은 동반연(동성애동성혼 반대 국민연합)이 소유합니다.
  신저작권법에 의하여 한국 내에서 보호를 받는 저작물이므로 무단 전재와 무단 복제를 금합니다.

* 낙장·파본은 교환해 드립니다.